VIE

DE

SAINT RAYMOND

DE DURBAN

ÉVÊQUE DE BARBASTRE

PAR

J.-B. EYCHENNE

CURÉ DE SÉGURA, DIOCÈSE DE PAMIERS

DEUXIÈME ÉDITION

TOULOUSE
IMPRIMERIE F. TARDIEU
1, RUE DU MAY, 1

1885

VIE DE SAINT RAYMOND

DE DURBAN

VIE

DE

SAINT RAYMOND

DE DURBAN

ÉVÊQUE DE BARBASTRE

PAR

J.-B. EYCHENNE

CURÉ DE SÉGURA, DIOCÈSE DE PAMIERS

DEUXIÈME ÉDITION

TOULOUSE
IMPRIMERIE F. TARDIEU
1, RUE DU MAY, 1
1885

PRÉFACE

La vie présente de l'homme est une aspiration incessante vers la jouissance paisible des biens réels dont il a été déshérité.

Tout, en effet, dans le système harmonique de ses facultés, se résume en cet objet par des combinaisons et des actes homogènes qui y convergent. Fait pour connaître, aimer et servir Dieu et le posséder éternellement dans une meilleure sphère, il est averti par une rude expérience de la frivolité des avantages temporels qui excitent ses envies et de la nécessité de s'en désintéresser. Néanmoins, poussé par une soif ardente de richesses et de bien-être, il s'agite, se fourvoie et se plonge dans les sources de perpétuelles inquiétudes à mesure que les siècles s'écoulent. Le monde, en effet, est profondément troublé, le mouvement révolutionnaire gagne tous les jours du terrain, la foi religieuse et la raison manquent à l'ordre spirituel et temporel de la société. L'enseignement chrétien fait place à des théories mitoyennes où l'erreur et la vérité se trouvent confondues ; les lumières naturelles s'éteignent et l'homme s'habitue froidement à vivre et à prospérer sans Dieu.

Les représentants des peuples, loin de réprimer ces funestes élans vers la corruption, boivent, eux aussi, à longs traits aux sources empestées de toutes les révolutions et patronnent journellement les manœuvres sacrilèges qui portent la plus grave atteinte aux différentes parties des sciences morales qui font et ennoblissent l'homme de bien. Dans la plupart des institutions sociales, en effet, on n'entend plus parler que de maximes déistes ou athées qui minent les fondements de toute certitude, obscurcissent l'origine des idées, soumettent les esprits à la matière et ne font envisager la vérité au fond des consciences qu'à l'état de chimère et de mythe. La secte impie qui en règlemente le mouvement a ses formidables batteries dressées sur tous les points pour en détruire les forces et régner sur les ruines de toute vérité révélée. Déjà elle a troublé les puissances, renversé les monarques, subjugué les peuples, produit mille forfaits, érigé les abus en principes, la force en droit, la férocité en bravoure, la fourberie en sagesse, le vice en vertu. A ce torrent impétueux de destructions physiques et morales, de funeste décadence, de systèmes insensés qui assujettissent les intelligences dévoyées, à l'empire liberticide des passions et de l'anarchie, Dieu oppose l'enseignement de son Eglise, le zèle de ses pasteurs et tout un ordre de manifestations merveilleuses qui révèlent son existence et son domaine sur l'universalité des êtres. Les esprits dociles à ses divines inspirations ont entendu sa parole, saisi sa volonté, admiré ses œuvres et fait acte de soumission et de respect devant la profondeur de ses secrets et de ses mystères.

Ils ont répudié ces vastes plans de campagne ouverte à toutes les passions brutales qui lui faisaient la guerre; ils l'ont adoré d'esprit et de cœur dans les joies et les tribulations de la vie, tandis qu'ils se laissaient guider par cette lumière divine qui les disposait à la connaissance de ses perfections infinies.

Parvenus à l'éternelle gloire, Dieu s'est démontré en eux par le miracle, posant des bornes aux lois générales du monde physique pour les faire participer au bénéfice de sa grâce qui les rendait semblables à lui. En attestant ainsi la sainteté de ses fidèles serviteurs, il a, par intervalles, satisfait au besoin de confondre l'incrédulité pour faire ressortir la divinité de sa sainte religion méprisée. Les bienheureux du Paradis sont nos amis ; ils intercèdent pour nous dans cette paix douce et cet amour pur qui réchauffent les cœurs et les rendent toujours tendres et compatissants. En cette vie, ils ont été semblables à nous et ont passé par les mêmes misères dont nous avons à nous plaindre et à gémir souvent.

Pour reconnaître leurs bienfaits, leurs mérites et leur sainteté, nous leur rendons un culte public et solennel, tandis que nous offrons à Dieu de très humbles actions de grâce de cette félicité éternelle dont il est le principe et la fin.

Que la foi antique de nos pères se réveille puissante dans les générations nouvelles ; que la pureté des mœurs et l'esprit de sacrifice se perfectionnent en ce siècle dépravé, dans les œuvres de justice et de vérité, sous la douce protection de nos saints. Que la pratique des mêmes vertus excite toujours nos envies et fassent refleurir la prospérité et la paix parmi les peuples et les nations jusqu'au jour des éternelles récompenses.

VIE

DE

SAINT RAYMOND

CHAPITRE PREMIER

Naissance de saint Raymond

L'histoire des événements accomplis n'est pas toujours écrite dans les pays qui ont un intérêt plus particulier à les connaître et à les méditer. Partout, néanmoins, on trouve des traditions vivantes, des souvenirs dignes de nos remarques, des origines chrétiennes, des vertus et des miracles qui ont illustré les vrais serviteurs de Jésus-Christ.

Nous plaçons naturellement au premier rang de notre vénération les saints qui ont vécu chez nous, dans une atmosphère toute divine et dont les monuments qui restent encore à la surface du sol viennent, à l'appui de nos légendes, raffermir la créance et les affections qu'elles méritent.

Saint Raymond de Durban est une de nos gloires les plus précieuses ; il a son renom, son culte et ses autels parmi nous ; le souvenir de sa haute naissance, de ses œuvres et de son éminente vertu est resté, à travers les siècles, profondément gravé dans le Couserans, le pays de Foix, de Toulouse et de Pamiers. Il naquit en 1055 de notre ère au château seigneurial de Durban, alors entre ses gloires et ses vicissitudes, d'une ancienne famille qui portait le nom de l'endroit et remontait à l'établissement de la féodalité.

Selon Pierre de Marca, Michel Circeti, Tamayo et Catel, il était parent des comtes de Toulouse par sa mère, des rois de France et d'Aragon par le mariage de la princesse dona Sancha avec Guillaume Taillefer et celui de leur fille Constance avec Robert le Pieux. Son entrée au monde et dans la vie de la grâce fut saluée avec enthousiasme et bonheur au château paternel, en ce moment tout en fête et en douces conjectures sur l'avenir de cet enfant bienvenu.

Les grands et les petits venaient tour à tour auprès du berceau reconnaître le nouveau-né et offrir leurs congratulations au chef du vieux manoir. Son père Hélie-Bernard, baron de Durban, et sa pieuse mère Vilielma étaient ravis de tout ce qui se passait d'heureux autour de lui et bénissaient intérieurement le Seigneur du doux présent qu'il leur avait fait. Les salutaires exemples d'une piété solide et héréditaire qui régnait au foyer domestique frappèrent de bonne heure l'esprit du jeune enfant et jetèrent en lui les fondements d'une vertu réelle qui lui resta toujours comme un des caractères de sa prédestination.

L'Eglise, à cette époque affligée par le

schisme oriental, avait besoin de grands hommes pour combattre les erreurs nouvelles et réparer les désordres qui s'étaient introduits dans le sanctuaire. Le pape Victor II occupait alors saintement le siège apostolique ; celui de Couserans l'était par Bernard Raimondi Pelet, et la France avait pour roi Henri Ier qui mourut cinq ans après, avec la qualification de grand capitaine et de juste.

Notre jeune seigneur se fortifiait tous les jours sous l'action des soins maternels qui lui étaient départis ; tous les jours, il grandissait aussi en sagesse et en vertu comme le divin Maître, sous l'empire de la grâce et le regard divin. Le ciel semblait déjà lui réserver les plus belles qualités de l'esprit et du cœur ; plus tard, en effet, nous le verrons à l'œuvre des plus saintes opérations, posé en homme rempli de lumières, dans le salut de son âme, les intérêts de la sainte Eglise et la gloire de son Dieu. Rien, à la vérité, ne fut jamais négligé au foyer domestique pour le disposer à recevoir ces célestes bienfaits de la main libérale du Tout-Puissant.

A peine commence-t-il à articuler quelques paroles et à chanceler sur ses pas, qu'on met sur ses lèvres pures le nom du bon Dieu, de son père et de sa mère. On lui parle des anges, de la glorieuse Vierge Marie et des saints, de leur bonheur et de la douce protection qu'ils accordent aux hommes. Son intelligence alors se développe et saisit insensiblement d'autres leçons moins élémentaires présentées à son avancement. Le jour, il apprend à connaître le Seigneur dans les merveilles naturelles qui frappent ses regards à la surface de la terre, dans les productions, les récoltes et les fruits. La nuit on le lui montre encore dans le nombre infini des astres qu'il admire dans la douce sérénité du Ciel, dans le calme de l'atmosphère, dans le silence et le repos.

Ces premiers éléments qui lui sont inculqués commencent à façonner son esprit et sa jeune nature devient alors apte à recevoir des notions plus étendues.

Les personnes chargées de sa conduite étaient émerveillées de son bon sens et de ses remarquables et précoces dispositions pour la piété chrétienne. Il allait souvent à l'église du château où on l'avait habitué de bonne heure à faire ses petites dévotions devant le grand sacrement de l'éternelle dilection. Toujours, il se sentait heureux d'accomplir ces religieux devoirs dont il goûtait les charmes et les consolations intérieures ; il rendait à Dieu de très humbles actions de grâce, en sentiments affectueux de reconnaissance et d'amour. Dieu agrée visiblement ces pures dispositions et bientôt il fait briller en lui la lumière céleste de tout son éclat pour le faire marcher pleinement dans ses voies.

En cet état, il se connaît parfaitement lui-même, il sent sa raison, son intelligence et son esprit suffisamment développés pour accomplir des actes conformes à ses inclinations. Dès lors il use de ses droits et de sa liberté d'action, se consacre entièrement au Seigneur au pied des autels, par l'oblation la plus généreuse de son cœur, de son âme, de ses facultés et de toute sa personne pour ne plus vivre que d'une vie sainte et pure sur la terre.

Pour ne point faillir à ses résolutions, il exerce sur sa personne une surveillance très active et des mortifications privées pour mériter les bienfaits de la grâce et persévérer jusqu'à la fin dans les sentiers de la justice et du salut.

Il aimait les cérémonies du culte et les harmonies sacrées ; dans ses goûts spéciaux pour cette partie, il ne tarda pas à y prendre sa part, sitôt qu'il en eut les forces et les capacités.

Déjà on admire en lui des traits d'une raison prématurée, un esprit pénétrant, une piété solide qu'on ne trouve point dans les autres enfants. Il doit ces dons à la divine grâce, aux soins de sa pieuse mère et de maîtres habiles qui ont orné son intelligence précoce de connaissances précieuses dont il tirera bientôt un avantageux parti dans les écoles supérieures.

Heureux les parents qui inspirent de bonne heure à leurs enfants le dégoût des honneurs, des richesses et des frivolités pour former leur cœur à la vertu et à la crainte de Dieu ! De génération en génération, ils auront leur part de gloire à tout le bien qui aura sa source à la bonne formation qui viendra d'eux.

Le philosophe Cratès aurait voulu, d'un point élevé de sa ville, faire retentir à toutes les oreilles que c'est du temps perdu d'amasser des richesses, pour les enfants ; que le meilleur de tous les biens est la pureté de l'âme et la pratique de la vertu.

Saint Nicolas de Myre avait un plaisir extrême à former la jeunesse à la piété ; ses instructions étaient simples et claires, accompagnées de similitudes et d'exemples. Il est nécessaire, à tous égards, que la vie du maître soit conforme à ses instructions ; les enfants ont coutume de le copier dans sa conduite. S'ils le voient livré aux plaisirs des sens, sujet à l'orgueil, à l'impatience, à la colère, ils se laisseront maîtriser par les mêmes passions et on leur recommandera en vain la pratique des vertus contraires.

Les personnes chargées de l'éducation de ces jeunes plantes doivent se persuader que le succès de leurs soins dépend principalement de leurs exemples. Les élèves croiront toujours que ce qu'ils voient faire est permis et les plus belles maximes n'auront aucun effet si elles se trouvent en opposition avec leur conduite.

CHAPITRE II

La vie du Collège

Instruit dès ses premières années, sous le regard paternel, sur les premiers éléments des sciences religieuses et profanes, Raymond possède déjà une parfaite droiture d'esprit, une bonté ravissante, une force de caractère et d'énergie qui étonne en cet âge où la légèreté a ses influences sur la volonté de la jeunesse.

Il s'était soigneusement préparé à sa première communion, par l'étude, le recueillement, la prière et la mortification des sens et de l'esprit, pour trouver en elle une force réelle qui ferait, tour à tour, de lui un soldat, défenseur des intérêts sociaux, et un apôtre de Jésus-Christ dans son Eglise.

Heureux l'enfant qui, dès les premières

lueurs de sa raison, aura eu sous les yeux le bon exemple de ses formateurs et qui aura sucé avec le lait l'amour de la vertu. La grâce secondera cette première semence qui aura été répandue dans son âme, le fortifiera de jour en jour dans la pratique du bien et l'acheminera dans les voies de la perfection chrétienne.

Ses pieux parents et les amis qui assistaient à cette auguste cérémonie versaient des larmes d'attendrissement et de joie devant cette douce physionomie qui sentait intérieurement la présence du bon Jésus qui réjouissait son âme.

Bientôt après qu'il eût donné son cœur à Dieu dans cette solennelle démarche vers la Table Sainte, il fut envoyé, plein des douces émotions de ce grand jour, à la savante école bénédictine du Mas-d'Azil pour y compléter ses connaissances scientifiques. Il se promit, en entrant, de persévérer toujours dans les saintes résolutions qu'il avait prises de vivre et de mourir en bon chrétien. Pour y réussir, il étudia continuellement les moyens de prévenir les chutes, dans toutes les circonstances de sa vie, par la modestie, la mortification des sens, le jeûne et la prière. C'est dans ce saint établissement, longtemps édifié par ses solides vertus, qu'il conçut l'idée d'embrasser la vie religieuse dans le même institut, pour se sanctifier, loin des honneurs du siècle, dans les austérités du cloître.

Les biens et les avantages du monde sont incertains et de peu de durée ; ses peines sont réelles et cuisantes, ses pompes sont fausses et trompeuses. L'expérience nous a tellement éclairés sur sa perfidie qu'il devait avoir perdu tous ses charmes imposteurs. De toutes parts il est rempli de pièges, et ses plaisirs cachent un poison mortel sous une enveloppe séduisante.

Il n'y faut paraître qu'avec crainte et attention pour préserver son âme de l'air empesté qu'il exhale.

Le Mas-d'Azil à cette époque, quoique

assez rapproché de Saint-Lizier, dépendait du diocèse de Toulouse, dont il fut distrait au quatorzième siècle pour être annexé au nouveau diocèse de Rieux, érigé par le pape Jean XXII. Tributaires des seigneurs de Durban, ces moines, en raison de certaines concessions de territoire, étaient en relations nécessaires avec eux. Il est rapporté, dans le cartulaire de cette communauté, que, douze ans après la naissance de Raymond, le baron son père fit en présence de Vilielma, son épouse, un entier abandon des redevances établies par ses prédécesseurs, à la charge de la dite abbaye.

Pendant que la famille de Durban vivait privée du doux objet de sa tendresse, le jeune étudiant donnait à ses maîtres de douces satisfactions, dans le spectacle de la plus tendre piété et de sa fidélité à l'accomplissement des devoirs qu'il avait à remplir.

L'esprit de prière et le recueillement perpétuel de l'âme furent toujours un des caractères distinctifs de notre saint ; il en recommandait la pratique à ses condisciples, durant les récréations et les promenades. De ce tendre et sincère esprit découle des sources divines une eau vivante qui féconde la vertu, sanctifie nos actions, fortifie nos cœurs, embaume notre âme, guérit nos passions, fait descendre en nous la rosée de la grâce et nous donne l'empire sur les ennemis du salut.

Dans cette condition, l'âme pure de saint Raymond entrait profondément dans les celliers du Seigneur où elle buvait à longs traits le céleste nectar de sa grâce et de son amour : *Introduxit me rex in cellam vinariam et ordinavit in me charitatem* (Cant., 2, 4). Sa bonne volonté lui faisait suffisamment trouver du temps pour les occupations de l'esprit et de l'âme ; il sentait par expérience que la véritable dévotion ne retarde jamais rien dans les affaires de la vie et que le temps qu'on emploie à servir Dieu est largement récompensé par de nombreuses grâces et de rapides progrès.

Devenu homme profondément sérieux, il étudia attentivement les saintes Ecritures, comme devant s'en servir avantageusement un jour dans le ministère de la parole.

Cette vérité divine consignée dans nos saints livres est une lumière qui se répand dans les âmes bien disposées pour dissiper les ténèbres de l'ignorance dont elle est enveloppée et lui montrer le chemin qui conduit au salut. C'est cette étude qui nous donne une véritable idée de cette corruption et de cette fragilité dans lesquelles se trouve la source destaches journalières qui ternissent la beauté de notre âme. C'est elle qui nous enseigne la nécessité de recourir continuellement à Dieu pour obtenir sa grâce et marcher avec joie dans les sentiers pénibles de la vertu. Elle nous apprend même qu'après avoir accompli tous les points de la loi, nous devons nous regarder comme des serviteurs inutiles, éloignés de la perfection des élus et obligés de nous y rapprocher par la pénitence et une plus solide vertu.

Comme saint Raymond, concevons pour la sainte Ecriture tout le respect et l'amour qui lui sont dûs, en tant que parole divine, et alors nous la lirons avec fruit et nous mériterons qu'elle devienne pour nous un principe de lumière et de vie. A certains jours, notre Saint avait ses petites pratiques particulières de pénitence et de mortification, qu'il considérait comme très propres à réfréner les mouvements immodérés de cette nature viciée qui fait si souvent tomber les âmes dans la fange du vice et du péché.

Il se considère comme un pécheur converti, que la grâce a rappelé de la voie de perdition et ne cesse de s'anéantir à la vue des trésors infinis de la miséricorde du Seigneur. De là cette attention à veiller sérieusement sur son cœur et sur ses sens, ce zèle à prévenir ses moindres fautes par la pratique laborieuse de la pénitence, cette ardeur dans l'acquisition des vertus contraires à ses penchants, cette ferveur à racheter un temps qui semble avoir été perdu pour l'éternité.

Il trouvait dans la confession fréquente un puissant moyen de briser son orgueil et les saillies de l'amour-propre, par cet acte d'humilité qui l'accompagne et une force nouvelle qui disposait saintement son âme à être un tabernacle vivant de la divine Eucharistie.

Ce sacrement, en effet, nous soutient dans nos faiblesses ; c'est un remède souverain contre nos misères spirituelles, une source de consolation et de paix dans le tourbillon des affaires terrestres de cette vie. En sentant notre indigence, plus d'une fois nous pourrions nous écrier comme autrefois cette grande croyante : Si je touchais seulement le bord de son manteau, je serais guérie! Avec saint Raymond, répondons à l'excès de cet amour divin qui a opéré tant de prodiges pour se donner à nous de la façon la plus intime dans cet auguste sacrement, car, comme le dit fort à propos le Roi-Prophète : Ceux qui s'éloignent de vous, ô mon Dieu, ne manqueront pas de périr, par cette faim spirituelle que l'âme a besoin de satisfaire (Ps. C. XVIII).

Ses condisciples, ravis de tant de qualités, se faisaient gloire d'être ses amis et allaient de préférence avec lui dans les moments de récréation et de promenade pour entretenir des conversations instructives et s'édifier de ses sentiments et de ses rares vertus. Souvent on le prenait pour arbitre dans les petites dissensions qui se produisaient dans les discours de ses camarades, il les arrêtait toujours avec calme et aplanissait les difficultés avec une profonde sagesse. Quand la chose lui paraissait trop sérieuse, il se défiait de ses propres lumières, il avait alors recours à la prière et prenait conseil de personnes plus éclairées que lui.

Notre saint se livrait de bon cœur à tous ces bons offices pour les intérêts de chacun, sachant avec l'apôtre que celui qui travaille pour une bonne cause recevra la récompense du bien qu'il aura fait.

CHAPITRE III

Sa vie militaire

Parvenu à l'âge de dix-huit ans, Raymond est distrait des études profondes qui avaient brillamment orné son intelligence précoce et enrichi son esprit de connaissances précieuses pour son avenir militaire et sacerdotal. Son cœur avait été perpétuellement uni à Dieu, en sorte que ses études, ses actions et ses travaux avaient été une prière continuelle qui inondait toujours son âme des plus ineffables consolations.

Il s'était si bien trouvé de cette salutaire pratique qu'il la recommandait souvent à ses compagnons d'étude pour qu'ils profitassent des bienfaits de Dieu, dans les mêmes conditions que lui.

Voulons-nous profiter d'une façon utile à notre avancement dans la science du salut, il faut que la dévotion accompagne toujours cet exercice et que notre but soit moins de nous rendre habiles que de contribuer à notre sanctification. Comme les grands saints, il faut plutôt consulter Dieu que les livres et lui demander avec humilité la grâce de comprendre ce que nous voulons étudier.

L'étude fatigue l'esprit et dessèche le cœur : pour refaire et ranimer l'un et l'autre, il faut souvent aller au pied du crucifix, contempler les plaies sacrées du divin Maître, nous y reposer quelques moments pour y puiser une nouvelle vigueur et de plus grandes connaissances. La science est un don du Père des lumières, elle ne saurait être l'œuvre de notre esprit et de nos talents; elle ne nous est acquise qu'à force de travail, de fatigues et de soins, accompagnés de la prière et corroborés par la grâce qui nous est gratuitement donnée pour la faire fructifier.

Saint Raymond laissait au collège, parmi ses maîtres et ses égaux, les meilleures impressions sur sa conduite, ses talents et ses vertus ; le baron, son père, les apprécie à sa juste valeur et dans ses ambitions d'un ordre tout divers, il le croit apte à porter glorieusement les armes et les destinées de la famille dans la carrière militaire.

Devant ces résolutions, longtemps méditées par le chef du manoir, le jeune seigneur en reste un moment attristé et il lui faut livrer de rudes combats pour accepter une détermination incompatible à ses inclinations pacifiques et à sa vocation pour la vie claustrale. Cependant, par respect et amour filial, il fait en cette circonstance abnégation complète de sa propre personne, se soumet aux ordres qui lui sont donnés et porte noblement l'épée dans les corvées qui étaient dues au comte de Foix, en sa qualité de suzerain.

Il se rappelle que l'obéissance est une vertu fondamentale de la foi chrétienne ; que le divin Sauveur s'est rabaissé lui-même en se rendant obéissant jusqu'à la mort et qu'étant entré dans la gloire, il est devenu l'auteur du salut éternel pour tous ceux qui obéissent. C'est en conséquence de cette vérité que saint Paul recommandait fortement aux Colossiens d'obéir en tout aux pères et mères, de faire de bon cœur ce qui était commandé, non tant pour les hommes, mais parce que le Seigneur veut voir cette vertu régner sur la terre (Col. III. 20. 23).

Notre jeune seigneur est déjà enrôlé sous les drapeaux, il comprend que la sagesse divine en dispose ainsi et qu'il doit pleinement accomplir son devoir en cette qualité, jusqu'au moment où la divine Providence lui permettra de réaliser ses vœux. Sa vertu à la milice est souvent mise à l'épreuve, mais comme au collége, il sait se mortifier et prendre des précautions plus grandes pour profiter sagement des grâces nombreuses dont Dieu se plaît à le combler.

Il avait déjà largement éprouvé que cette vie est un combat incessant où l'on court les plus grands dangers et que, pour prévenir les attaques de l'ennemi du salut, il faut toujours être en garde, lors même qu'il semble qu'on est à l'abri de toute offense. Cette disposition contribue beaucoup à tenir les démons en respect; mais sitôt qu'ils découvrent une fausse sécurité, ils reviennent de plus fort à la charge, réunissant l'artifice à la force pour obtenir une complète victoire.

Les armes que nous emploierons efficacement contre eux sont: la prière, la mortification, la vigilance, la fuite des occasions, l'examen fréquent de notre conscience, la crainte de Dieu et l'esprit de componction. Dans ces dispositions, le jeune militaire, aidé de la grâce et de rares capacités, monte vitement dans la hiérarchie où il jouera des rôles importants pour le bien de ses subordonnés. Il possède de grandes richesses de caractère, la bonté, la douceur, la modestie, l'esprit de clémence, de renoncement et de sacrifice, les sentiments et les qualités de l'âge mûr. Déjà il a parcouru noblement une partie de sa carrière comme un athlète divin, faisant marcher de pair avec toutes ses obligations militaires les devoirs religieux qu'il avait inscrits dans son règlement de vie.

La sûreté, le bonheur et la prospérité de tout gouvernement et de toute société sont essentiellement fondés sur la religion et la vertu ; il n'y a qu'elles qui puissent inspirer aux chefs l'amour pour leurs sujets et aux peuples le respect de la loi, l'obéissance et les affections dûs à ses représentants.

Dans ses relations de nécessité et d'étiquette avec les subalternes et les personnes de qualité, Raymond gardait toujours les règles de la modestie, une égalité d'humeur et de caractère qui plaisaient indistinctement à toute sorte de personnes. Pour établir ce niveau, il se surveillait attentivement, et domptait souvent sa chair par des austérités privées, repoussant le bien-être et les nombreuses distractions dont son rang pouvait l'entourer. Les nombreuses chutes qu'il voyait arriver chez des personnages de sa connaissance lui apprenaient à être toujours en garde et à fermer la porte de son cœur aux excitations de la nature et de ses suites immodérées.

Il sentait vivement que Dieu protége ceux qui le cherchent en toute sincérité, tandis que d'autres, peu soucieux de leur salut, périssent misérablement dans le complet oubli de leurs devoirs religieux, sur la voie de l'iniquité. Comme moyen de préservatif, notre saint allait souvent à confesse, faisait de même la sainte communion à des distances rapprochées, avec toute la ferveur d'une âme qui ne vit plus que pour Dieu. Le divin Sauveur avait établi en lui une demeure permanente; il trouvait en son cœur ses plus pures délices, lui communiquait sa vie et son esprit, le consolait, le soutenait et le fortifiait pour accomplir saintement les devoirs de son état.

Rien ne serait plus agréable à notre Seigneur que de nous voir, comme saint Raymond, participer souvent au banquet sacré de son corps et de son sang ; mais malheureusement nous donnons trop notre cœur à la matière, nous ne voulons pas repousser nos vices et la charité s'éteint de ce que nous n'allons pas puiser à la source de la grâce. Dans ces saintes pratiques, saint Raymond était réellement heureux ; il sentait des avant-goûts de ces joies douces que Dieu lui réservait en l'autre vie pour le récompenser de son amour et de sa fidélité à le servir.

L'oracle divin lui parlait amoureusement au cœur et lui montrait combien les grandeurs de la terre sont fausses et peuvent facilement compromettre celles de l'éternité. Un chrétien qui veut posséder Dieu dans son âme doit être mort à toutes les vanités du monde, et juger de chaque chose par le rapport ou l'opposition qu'elle peut avoir avec son avancement spirituel.

S'il y a peu de chrétiens qui arrivent à cet heureux résultat, c'est qu'il y en a trop qui laissent subsister en leur cœur des attachements condamnables qui corrompent les meilleures actions par des saillies et des mouvements secrets de l'amour-propre.

Le désir que saint Raymond eut d'établir le règne de Dieu dans son âme lui inspira le courage de mépriser les grandeurs de la seigneurie, et le conduisit à ce parfait détachement des créatures, dont Dieu le récompensa par le don d'une éminente sainteté. Pendant que son âme était ainsi un jardin fermé, où le céleste époux trouvait les plus odorantes fleurs des plus douces vertus, de nouveau il sent naître en lui un ardent désir de faire partie dans un cloître d'une milice plus parfaite qui lui vaudrait des intérêts plus solides et plus glorieux. Heureux celui qui a le courage de fuir le monde, pour se consacrer à la pénitence et à la contemplation des biens célestes ; il trouvera dans sa retraite une source intarissable de douceurs dont il remerciera continuellement le Seigneur de cette félicité anticipée de la vie éternelle.

Pendant que notre saint est livré à de sérieuses méditations sur la vie religieuse, il entend enfin la voix divine qui l'appelle, tout de bon ; il l'écoute et n'hésite plus dans ses résolutions qu'il accomplira fidèlement sitôt que l'heure du départ aura sonné.

Dans ce nouveau genre de vie, il sera l'homme de Dieu par excellence, loin des distractions et du tumulte du monde où il se préparera sans s'en douter à une mission importante de laquelle dépendra le bonheur et la gloire de bien des âmes. A son départ de l'armée, il emporte la consolation d'avoir toujours prêché par l'exemple, d'avoir su gagner la confiance, les affections et les sympathies de tous.

CHAPITRE IV

Son entrée en religion

Après dix ans de services glorieusement accomplis dans les mouvements de l'armée, Dieu est pleinement satisfait de ses généreux sacrifices et lui montre clairement qu'il est appelé à réaliser ses vœux. Le baron son père sent tout le poids de cette irrévocable détermination qui va le séparer des intérêts de sa maison ; il voit que le ciel lui demande cette oblation pour attacher ce noble esprit au service exclusif de la sainte Église. Il se résigne cependant, comprenant fort bien qu'une seule affaire est vraiment importante en cette vie, celle de son salut éternel qui doit primer toutes les autres. C'est, en effet, pour accomplir ce devoir que Dieu nous a créés et rachetés au prix de son sang, qu'il a opéré tant de prodiges et sur lequel roule l'alternative effrayante de notre bonheur ou de notre perdition sans fin. Que votre volonté soit faite, disons-nous tous les jours, sur la parole de Notre-Seigneur ; elle doit être le mobile, le centre de nos pensées, de nos désirs, de nos entreprises, le cercle dans lequel il faut se renfermer pour ne plus en sortir qu'à la mort seule.

Après bien des luttes opposées de part et d'autre aux sentiments de la nature, Raymond est définitivement entré dans les sentiers de la justice où il va briller de tout l'éclat de ses vertus : *Justorum semita quasi lux splendens, processit et crescit usque in perfectum diem* (Prov. 4. 18). Le mode de vie des bénédictins avait plu à notre jeune seigneur, il avait pleinement compris les bienfaits que ce saint institut rendait à l'Eglise et à la société par la vertu, la science et la prédication. A son ombre salutaire, il va continuer le grand œuvre de sa sanctification, dans la sévère pratique de toutes les vertus évangéliques.

Là, il ne respirera plus que pour Dieu et ne s'occupera que des moyens de procurer sa gloire ; il travaillera et priera sans cesse pour le faire régner dans les âmes afin que cette parole divine s'accomplisse : Que votre règne arrive parmi nous et s'établisse sur la terre comme dans les cieux. Il aurait voulu dans sa charité que tous les cœurs eussent brûlé du feu sacré pour lui ; que toutes les langues eussent continuellement chanté ses louanges, que toutes les créatures avec les esprits bienheureux n'eussent eu d'autre objet que d'accomplir cette volonté sainte dans toute l'étendue de leur pouvoir.

Plus tard, nous verrons qu'il ne se laissera arrêter par aucune difficulté, quand il s'agira de la conversion des âmes ; alors il emploiera ses revenus et bien des industries que le vrai amour lui suggèrera pour faire du bien aux membres souffrants de Jésus-Christ. Dans les doux charmes qu'il goûte sous l'action de la grâce, il se rappelle qu'il a toujours marché en la présence de Dieu, et qu'aujourd'hui, dans l'état de perfection qu'il a embrassé, il se promet d'être plus fidèle à cette sainte pratique, pensant et agissant toujours sous le regard maternel de la divine Providence. Sa foi vive lui découvrait visiblement le Seigneur partout, devant lui, autour de lui et dans les plus secrets replis de son âme, il était tellement pénétré de cette adorable vérité qu'il répétait souvent avec le Roi-Prophète ce beau verset du psaume XV: *Providebam Dominum in conspectu meo semper quoniam a dextris est mihi, ne commovear.* Dieu, en effet, est toujours devant nous, autour de nous, en nous-mêmes où il trouve ses plus pures délices quand notre cœur est purifié par la sainteté de nos œuvres et la rectitude de nos intentions.

Ses rapports avec le monde ont entièrement cessé ; loin des préoccupations temporelles qu'il a abandonnées, il est tout à son bien-aimé, tous les jours il chantera ses louanges, s'estimant heureux d'être le reclus de Jésus-Christ. Bientôt, dans le cloître, il se fait remarquer par sa modestie, son esprit pénétrant, son génie fécond, par l'austérité de sa vie, sa charité douce envers ses frères, sa fidélité aux moindres devoirs, sa piété tendre et sincère.

Ses supérieurs étonnés de tant de qualités n'hésitent pas à le faire entrer dans les grandes études pour l'enrôler bientôt dans la carrière ecclésiastique. Les progrès qu'il y fit sans ostentation lui attirèrent sans bruit l'admiration, le respect et l'amour de tous les sujets de la communauté.

Pendant qu'il travaillait ainsi avec tant d'ardeur à faire la volonté de Dieu en la personne de ses représentants au monastère du Mas-Saint-Antonin près la ville de Pamiers, sa famille qui avait perdu en lui tout un ordre d'espérances temporelles eut néanmoins, pendant une douzaine d'années, la consolation de le voir dans ses nouvelles livrées et d'entendre son éloquente parole, après qu'il eut reçu les ordres sacrés. Peu après, la volonté de ses supérieurs lui fit un devoir de se produire au dehors par le ministère de la parole, et c'est avec tout le succès d'un homme rempli de l'esprit de Jésus-Christ qu'il accomplit sa mission de prédicateur à Pamiers, à Toulouse, dans le pays de Foix et de Saint-Girons. La vraie vertu ne se dément jamais dans ses opérations, elle est toujours conduite par le même principe, toujours inébranlable dans ses résolutions. Elle est humble et modeste dans les réussites, grande et active dans les difficultés, ne se déconcertant jamais dans les moments d'épreuve et d'adversité.

Saint Raymond vit avec tranquillité les orages se former plus d'une fois sur sa tête; le démon, ennemi de tout bien, lui suscita des embarras pour le décourager et paralyser dans les âmes le bien qu'il pouvait faire.

Notre religieux supporta tout avec patience, se rappelant que cette vie est un combat continuel à diverses phases et qu'il faut continuellement crucifier sa volonté, son esprit et sa chair pour être un vrai disciple du Seigneur : *Qui Christi sunt carnem suam crucifixerunt cum vitiis et concupiscentiis* (Gal. 5. 24).

CHAPITRE V

La charité de saint Raymond

Au milieu de ce brillant dont ses capacités et sa vertu l'entouraient, il demandait tous les jours à Dieu de ne jamais perdre cette douce violette de l'humilité dont il sentait un impérieux besoin pour faire entrer le bien dans les âmes. Cette vertu a toujours été une des plus favorites du divin Maître ; il désire la voir fleurir, dans tout son éclat, dans le cœur et la conduite de tous ses enfants. *Qui se exhaltat humiliabitur et qui se humiliat exhaltabitur ; Deus superbis resistit, huimlibus autem dat gratiam* (1 Pet. v. 5). Il s'humilie en effet devant Dieu du bien qu'il opère en sa personne, sans aucun mérite de sa part, et lui promet qu'avec le secours divin, il veut accomplir saintement sa volonté dans le ministère qui lui est confié.

En toutes ses actions, c'est la charité qui le pousse, pour réaliser sans cesse le précepte divin qui nous fait une obligation d'aimer Dieu de tout notre cœur, de toutes nos forces, de tout notre esprit et le prochain dans la mesure de cette affection que nous avons pour nous-mêmes.

La charité réelle est une rose éclatante de beauté qui s'épanouit tous les jours davantage dans l'exercice de cette vertu et dont les parfums d'agréable odeur nous font goûter par anticipation les célestes récompenses du Seigneur. Quiconque vous donnera, nous dit-il, un verre d'eau à boire, en mon nom, je vous dis en vérité qu'il ne perdra point sa récompense (Marc. IX. 40).

Saint Raymond était un ministre de paix et d'ardente charité; toutes ses pensées, ses paroles, ses actions et ses désirs n'étaient continuellement que pour le règne et la gloire de cette céleste vertu qui rendit son nom illustre dans tout le pays.

« Sur (1) la rive gauche de l'Ariège, au sommet et sur la crête du Terre-Fort est un domaine qui retient encore le nom de Saint-Raymond. On croit qu'il a appartenu à ce saint et qu'il a été légué par lui à l'abbaye, devenu plus tard le chapitre de Saint-Antonin. En ce lieu avait été fondé de bonne heure, peut-être même par l'évêque de Barbastre, sous le nom de Charité, une sorte de bureau de bienfaisance ; un établissement, qui a pu servir d'hospice dans les temps de peste, et une chapelle y furent bâtis. De saintes filles vinrent les desservir, un moment un ermite y fixa sa résidence. Alimentée par les revenus de ses biens-fonds et par des rentes particulières ou Oblies, la charité de Saint-Raymond faisait aux pauvres de

(1) Note de M. l'abbé Barbier, professeur au petit séminaire de Pamiers.

Pamiers, le jour de la Pentecôte, d'abondantes distributions de pain que l'évêque lui-même allait bénir.

» Au commencement du XVe siècle, une procession solennelle, dont la cérémonie de Gratelauze n'est plus qu'un faible souvenir, composée du clergé des deux paroisses, des quatre ordres mendiants et portant le corps de saint Antonin, sortait du Nouveau-Mas. Elle entrait en ville par la porte de Loumet, parcourait les rues Piconnières, des Capelles, de Roumengous, de la Fanrie, traversait la place du Camp et montait au Mercadal par la rue Villeneuve ou de la Mairie ; elle gagnait ensuite, par le Pont-Neuf, le côteau de Saint-Raymond où les champs étaient bénis, descendait de là au Mas-Vieux ou Caïlloup, pour y entendre la messe et le sermon. Le pain était ensuite distribué sur la place du Camp, à la diligence des syndics ou consuls.

» Le moulin d'Encolomiés ou des Carmes d'abord, celui de l'Estang ensuite avaient charge d'en moudre le grain. Cette opération était si importante qu'elle occupait bon nombre de personnes pendant plusieurs jours. Après cette belle fête de la Charité de Saint-Raymond, l'évêque réunissait ses chanoines dans de fraternelles agapes. »

L'Eglise et les saints ont toujours eu un amour vivant dans le cœur pour le bien du prochain ; non-seulement ils travaillaient aux besoins spirituels de l'âme, mais encore, comme nous le voyons, à ceux du corps pour lui donner la force de consacrer toutes ses facultés au service du Seigneur et se perfectionner dans le chemin de la vertu. Ils regardent les hommes enclins au mal comme des malades plus dignes de compassion que de colère.

Dans la prière, les processions et la bénédiction des champs, ils les recommandaient à Dieu et sollicitaient sans cesse, en leur faveur, leur miséricorde, leurs intérêts et leur pardon.

Cette conduite de l'Eglise et des saints

ne doit rien avoir qui nous étonne, si nous voulons bien nous rappeler les puissants motifs que le Sauveur emploie pour porter ses disciples à l'amour du prochain. En vain nous nous justifierons de cette impitoyable dureté qui nous porte à refuser aux malheureux la plus petite partie des revenus que nous fournissent nos biens temporels. Notre-Seigneur nous dit de les regarder comme les membres d'un même chef, comme nos frères et nos cohéritiers, comme des enfants chéris qui le représentent; il nous déclare qu'il tiendra comme faits à lui-même tous les services que nous aurons rendus aux malheureux, nous assurant qu'il les paiera largement d'une gloire immortelle dans les cieux : *Merces vestra multa est in cœlo* (Luc. 6).

CHAPITRE VI

Sa promotion à la dignité abbatiale

A cette même époque, 1101, où Raymond faisait tant de bruit par ses œuvres de zèle pour le bien des âmes, le siège abbatial de Saint-Saturnin de Toulouse vint à vaquer par la mort de Munion, son titulaire. Le chapitre électeur, qui avait eu en maintes circonstances l'avantage d'apprécier le talent et les vertus de notre saint, porta providentiellement son attention et son choix sur lui, pour le gouvernement de ce célèbre monastère. L'humble bénédictin offrit à ses supérieurs de longues et vives représentations pour se défendre de cette dignité dont on voulait l'investir, se croyant incapable de répondre saintement aux obligations dont elle était accompagnée.

Il était sans ambition, parce qu'il savait

que souvent l'amour des honneurs est la ruine des âmes par la vanité qu'on en tire et les nombreuses chutes qui peuvent en être les conséquences. Le cœur de l'ambitieux, en effet, est toujours déchiré par ses propres convoitises, avant même d'être en possession de l'objet qu'il a en perspective. Tous les saints Pères de l'Eglise sont unanimes à reconnaître, dans les distinctions et les dignités, de grands dangers pour les âmes qui ne sont pas profondément avancées dans les voies de la perfection chrétienne. Saint Augustin disait en son sermon 63e de *Verbo Domini* : « Bien des personnes me jalousent mon épiscopat, tandis que je m'en afflige à cause des nombreux périls auxquels il m'expose. »

Saint Raymond aussi, toujours fondé sur les mêmes sentiments d'humilité, répétait souvent, après le Roi-Prophète, qu'il préférait être le plus petit dans la maison de son Dieu que d'occuper un rang élevé parmi les hommes (Ps. 85. 11).

Cependant, en vertu de la sainte obéissance qu'il avait vouée à Dieu et à l'autorité de son institut, il se vit obligé de se soumettre aux volontés célestes manifestement exprimées par l'organe de ses supérieurs. Raymond, alors, comprend que Dieu a parlé ; il se livre en toute confiance entre ses mains pour bien accomplir le rôle sacré qui lui est imposé. Il lui demande avec une foi vive les grâces dont il a un continuel besoin, et lui promet d'y répondre toujours avec fidélité.

Il sait que la supériorité a beaucoup d'écueils à franchir pour faire régner l'harmonie évangélique dans les institutions religieuses ; aussi, il se promet d'imiter le divin Sauveur, autant qu'il en sera capable par sa douceur et son humilité, aimables vertus qui rendirent plus tard saint François de Sales si semblable à notre divin Maître. C'est dans ces saintes dispositions que le nouvel élu fit son entrée au milieu de ses frères pour travailler efficacement à leur donner toujours le bon exemple et à les diriger constamment dans les voies de la perfection et du salut.

Dans ce nouveau ministère dont il a pris possession, il se sent tout consolé d'avoir trouvé dans les murs du cloître tout un trésor de richesses spirituelles, auquel il puisera abondance de grâces pour s'acquitter fidèlement des devoirs de sa charge. Que de saintes reliques, en effet, précieux restes de tant de saints et bienheureux serviteurs de Jésus-Christ, que possède encore aujourd'hui, plus nombreuses, dans son sein l'insigne basilique de l'apôtre saint Sernin ! Les premiers pontifes de Toulouse, l'empereur Charlemagne après ses conquêtes chez les peuples du Midi et en Espagne, les comtes eux-mêmes, au retour de leur expédition en Terre-Sainte et plus tard encore, les rois de France, après la chute de la féodalité, dotèrent de corps saints et de reliques insignes cette église monumentale qui fait l'admiration des siècles. Là, le saint abbé se répandait en prières et puisait des flots de consolations et de grâces qui l'aidaient puissamment à triompher des embûches que le mauvais génie lui tendait sans cesse pour rendre son ministère impossible. Il priait aussi, tous les jours, pour les âmes égarées qui vivent dans les ténèbres du vice et du péché ; il aurait voulu les voir toutes enlacées dans les célestes étreintes du pur amour.

La charité vraie n'a pas de bornes dans les voies de la perfection ; elle trouve tant de moyens pour s'étendre et rester dans les âmes comme un signe de prédestination ; le monde s'en étonne, parce qu'il vit d'égoïsme et d'ambition, seules causes du manque de dévouement et de sacrifice. Les vrais attraits de la terre et les sarcasmes des hommes sont indifféremment accueillis dans cette sphère rétrécie de la vie chrétienne où les grandes âmes viennent se retrancher pour goûter en paix les douceurs anticipées de la céleste patrie. Ainsi vivait ce saint religieux dans son intérieur et dans ses rapports momentanés avec les personnes du dehors, tandis que rien ne pouvait modifier en lui les mouvements de la grâce et détourner les fruits de salut que ces pures dispositions lui procuraient.

Dans son administration, il était posé, simple et coulant au besoin ; ses airs de dignité révélaient en lui un fond de vertu non équivoque qui le faisait aimer et lui attirait des foules compactes autour de la chaire de vérité qu'il occupait avec distinction aux principales fêtes de l'année. Les ordres qu'il avait à transmettre à ses subordonnés paraissaient une prière, un désir, plutôt qu'une volonté et un commandement. En retour, il se vit toujours entouré de l'affection, du respect et de la vénération qu'inspirent la bonté et la tendresse d'un père selon l'esprit et le cœur de Jésus-Christ.

Mais une rude épreuve se prépare pour ses sujets dociles et dévoués ; le Ciel a sur lui des vues élevées pour le bien de son Eglise ; il paraîtra bientôt comme une lumière vive sur le chandelier de la vérité.

L'obéissance et l'humilité présideront encore dans sa détermination à accepter les volontés célestes qui vont lui être manifestées par l'organe des enfants de la sainte Eglise.

CHAPITRE VII

Son élection épiscopale

Après trois années consacrées avec la plus grande sagesse au gouvernement de l'abbaye de Saint-Saturnin de Toulouse, le fervent religieux reçut mission d'aller en Aragon visiter les communautés de son institut pour s'assurer de l'esprit qui présidait aux diverses opérations de la vie monastique. Quelque temps de pénible marche à travers les Pyrénées se passe dans les premiers jours de l'été, et le saint visiteur arrive sur les terres d'Espagne où il s'arrête en différentes villes, et où il laisse les meilleures impressions de sagesse dans l'esprit des populations de ces pays. On voyait en lui un homme de Dieu, de talent et de modestie qu'on crut, au premier abord, destiné à opérer de grandes choses dans la culture des âmes et le gouvernement de quelque église.

L'humble abbé de Saint-Saturnin était loin de se douter qu'il réaliserait bientôt ces pieuses conjectures faites à son avantage par les fidèles de ces contrées. La célébrité dont il jouissait déjà en deçà de la frontière ne tarda pas à pénétrer au delà et à donner un prompt dénouement à toutes les questions relatives à sa nomination épiscopale. L'évêché de Barbastre, sur ces entrefaites, était devenu vacant par la mort de son titulaire Pontius, arrivée après un pontificat saintement rempli. Le clergé et les notables de la ville se concertèrent, conformément aux anciens usages de l'Eglise, pour donner un successeur à l'illustre défunt.

Dans l'étude d'un choix bien assorti,

toutes les attentions se portèrent sur la personne de Raymond, qui s'était effacé dans le moment pour ne point donner lieu à sa nomination au siège de cette église. Mais la voix du peuple est alors celle de Dieu ; en ces sortes de circonstances, il doit de toute rigueur se rendre pour ne point faire opposition à la volonté divine et retarder inutilement le bien qu'il doit opérer de cette façon dans les âmes. Sa modestie lui fournit toujours des raisons pour se défendre de cette grande dignité et rester dans les simples emplois de son institut ; mais les admirateurs de ses vertus, l'ayant jugé digne à tous égards de ce rôle sacré, en appellent au pape Pascal II et à Pierre Ier, roi d'Aragon, qui ratifièrent pleinement, en 1104, cet heureux choix, qui avait été fait de lui pour l'église de Barbastre et Roda. Notre saint, dans ces nouvelles livrées, s'étudie à rester toujours humble comme il l'avait été jusqu'alors, persuadé que le bien ne peut être fait sans cette condition et que la vertu d'humilité reste toujours le fondement de la vie chrétienne. Tous les justes ont compris cette importante vérité et se sont faits petits aux yeux du monde pour grandir devant Dieu dans l'exercice des vertus qu'il commande. Ils n'oubliaient pas que le divin Maître plaça un jour un petit enfant au milieu de ses apôtres, leur disant que, s'ils ne devenaient semblables à lui, ils ne sauraient avoir part à son royaume dans les cieux. Dans ces sentiments, Raymond abandonna les douceurs qu'il goûtait dans le cloître et répéta avec le Roi-Prophète qu'il a toujours désiré rester modeste et petit dans le service du Seigneur, plutôt que de briller dans les nobles emplois de la terre : *Elegi objectus esse in domo Dei mei magis quam habitare in tabernaculis peccatorum* (Ps. 85. 11).

Cependant, lorsque l'humilité marche de pair avec l'obéissance, elle acquiert un nouveau lustre qui la rend chère à Dieu dans toutes ses opérations. Au palais, notre saint ne dérogera aux habitudes du cloître que par nécessité ; il y sera toujours simple dans ses dépenses et ses habits ; toujours il restera détaché des biens temporels, n'en usera que par besoin, et, comme au jour de son entrée dans les ordres, il répète souvent ces paroles : *Dominus pars hœreditatis meœ, tu es qui restitues hœreditatem meam mihi* (Ps. 15. 15).

Déjà les premières opérations relatives à sa consécration épiscopale sont prévues et vont être fidèlement accomplies. En cette circonstance solennelle de sa vie, Raymond va se donner étroitement à Dieu dans sa retraite préparatoire où il prendra des résolutions saintes qui ne le quitteront plus dans les devoirs de sa nouvelle charge. A cette époque la ville de Saragosse, capitale de l'Aragon, était encore au pouvoir des Sarrasins, elle en fut délivrée par Alphonse le Batailleur en 1118, seulement après des combats sanglants et des efforts redoublés qui assurèrent l'avantage définitif à l'armée des chrétiens. Cette occupation et des troubles actuels purent être cause que saint Raymond se rendit à Tolède pour la cérémonie de l'imposition des mains, présidée par le métropolitain Bernard, archevêque de cette ville. Ce prélat était Français de naissance et disciple de saint Hugues de Cluny ; il avait été envoyé par son excellent maître à Alphonse de Castille qui lui avait demandé un abbé capable de mettre en Espagne le monastère de Saint-Fagon sur le pied de celui de Cluny. Alphonse, sur ces entrefaites, ayant repris Tolède sur les Maures après une occupation de 392 ans, proposa bientôt après l'élection de Bernard pour ce siège important ; l'abbé français, déjà bien connu et révéré, reçut les acclamations du clergé et du peuple et fut confirmé dans ce choix par le pape Urbain II qui lui donna le pallium et l'établit primat sur toute l'Espagne en 1088.

Le jour de la cérémonie du sacre amena une grande fête, rehaussée par la présence de plusieurs prélats, de membres de chapitres, d'un nombreux concours de prêtres et de fidèles. Il serait difficile d'exprimer les douces émotions que ressentit en son âme sacerdotale ce grand serviteur de Dieu dans ce moment solennel où il lui semblait voir les messagers divins imprimer en lui les rites que les pontifes consécrateurs exerçaient sur sa personne. Dès lors, il se regarda plus particulièrement attaché au service du Seigneur, comme une oblation sacrée, une hostie vivante qui doit partout répandre la bonne odeur de Jésus-Christ. C'est avec ces parfums divins qu'il va embaumer son diocèse où il est impatiemment attendu et à l'entrée duquel il sera l'objet de vives démonstrations que la foi espagnole déploie en ces circonstances heureuses vis-à-vis des premiers dignitaires de la sainte Eglise. Peu après, se présenta à lui un délégué du monarque Pierre Ier, pour lui offrir la bienvenue au nom de son souverain et ratifier en sa personne les anciens privilèges civils dont les rois d'Espagne avaient coutume d'investir les évêques pour avoir plus d'autorité sur les sujets. Sous ce double caractère de puissance spirituelle et temporelle qu'il tient de Dieu, du chef de l'Eglise et de l'Etat, Raymond opèrera des merveilles dans cette portion de vigne que le Seigneur lui donne à cultiver. Tous ceux qui exercent des fonctions quelconques dans la sainte Eglise doivent se regarder comme les lieutenants de Jésus-Christ, et en cette qualité ils doivent s'acquitter consciencieusement de leur ministère dont ils auront un jour un compte rigoureux à rendre. Heureux alors, comme saint Raymond, s'ils ont bien soigné leur propre vigne, qu'ils en auront arraché les mauvaises herbes du vice et de la corruption pour y faire fleurir la sainteté et la vertu !

CHAPITRE VIII

Ses premiers soins

A peine entré dans l'exercice de ses fonctions, le saint évêque voit devant lui un vaste champ ouvert à son zèle épiscopal et où gisent de nombreuses ruines physiques et morales causées par la barbarie des enfants de Mahomet. Il se hâte, par diverses industries de charité, d'arriver aux moyens voulus pour réparer tant de maux, et bientôt on voit les édifices sacrés, les établissements de bienfaisance, les monastères et les maisons d'éducation se relever promptement dans tous les points de son diocèse et reprendre la place qu'ils doivent occuper. L'histoire de Barbastre mentionne bon nombre d'églises que saint Raymond a fait construire et qu'il a consacrées ensuite selon le rit du pontifical de Narbonne dont il se servait régulièrement.

En ce temps de bénédictions et de salut, bien des victoires avaient été remportées sur les Sarrasins par les armées catholiques et l'éloquente prédication du saint pontife ; les fidèles alors commençaient à jouir des bienfaits de la paix dans la pure atmosphère des joies du Seigneur, après une affreuse tyrannie de quatre siècles, supportée avec un héroïque courage, dans la pratique constante de la vraie foi et la défense énergique des intérêts sociaux et religieux. Après ces admirables travaux de dévouement et de sacrifice que notre saint vient de réaliser, il porte ses attentions et ses soins sur le clergé diocésain pour opérer en lui des réformes nécessaires et faire refleurir dans tout son éclat la discipline ecclésiastique quelque peu négligée durant la longue occupation de l'ennemi.

Bientôt il a des auxiliaires capables dans la carrière des lettres et dans le ministère de la parole qui est fructueusement exercé dans les nouvelles générations sacerdotales qu'il vient de former. Il visite souvent son diocèse pour connaître personnellement les besoins des fidèles qu'il instruit, dans les ardeurs de son zèle, par la parole et l'exemple, en séjournant quelque temps parmi eux. Partout, c'étaient des joies publiques, de saintes ovations, suggérées par la vénération, la reconnaissance et l'amour de tous ces cœurs auxquels il faisait toute sorte de bien. Quand il voyageait dans la plaine, il faisait sa tournée pastorale à pied d'un pays à l'autre, et dans les endroits montagneux, il n'acceptait de monture que quand il y était obligé par les grandes fatigues de la marche. Dans son ardente charité, il trouvait souvent les moyens de visiter les pauvres, les malades et les infirmes, de leur prodiguer des secours, des paroles de consolation, d'encouragement et de gracieuses attentions. A l'occasion, il aimait à disposer par lui-même les moribonds aux derniers devoirs de la religion et à aller paraître avec foi et confiance au tribunal suprême du divin Maître.

Dans ce rôle de charité chrétienne, la présence de ce bon et saint pasteur avait la vertu de soulager et d'adoucir les maux physiques dont ses fidèles croyants étaient atteints. Partout il était reçu comme un envoyé divin qui a pour mission spéciale de répandre sur les membres souffrants de la sainte Eglise le baume de la grâce, le bienfait de la guérison et de la paix. Malgré ces heureux avantages et les saints résultats qne le Ciel accordait à son ministère, il n'oubliait pas que les plus rudes contradictions peuvent suivre de près les plus généreux sacrifices de l'apostolat. L'ennemi de tout bien, en effet, est toujours sur pied pour appliquer ses calculs au désavantage des âmes qui combattent pour la gloire ; il veille sans cesse pour les surprendre du côté faible et répandre la zizanie durant le calme de la nuit pour tromper les espérances du cultivateur.

Cette douce transformation, qui s'opérait avec le plus grand succès depuis neuf ans dans tout le diocèse de Barbastre, ne tarda pas à voir son élan ralenti, son influence paralysée, les espérances compromises dans les ambitions et les luttes que le saint prélat eut longtemps à soutenir pour défendre les intérêts de la foi et les droits de son Eglise. Les premières attaques lui vinrent d'Odon, évêque d'Urgel, qui voulut lui retirer, à l'aide de l'autorité royale, certaines villes du comté de Paillas, après la défaite des Sarrasins en ce pays. Le pape Pascal II, instruit de ce différend, intervint par deux lettres, ordonnant à l'évêque d'Urgel de ne point inquiéter celui de Barbastre dans la possession des villes qu'il lui disputait, contrairement aux stipulations déjà établies. Ce prélat, qui était resté quelque temps insoumis, reconnut un peu plus tard la justesse de l'intervention papale en faveur de son voisin et lui restitua en bonnes formes toutes les églises qu'il avait enlevées à sa juridiction. Cette difficulté aplanie ne tarda pas à être suivie d'une plus grande encore qui devait avoir plus de retentissement et de conséquences plus graves pour le saint évêque et les fidèles confiés à sa sollicitude pastorale.

Le grand monarque Pierre Ier, qui avait délivré Barbastre de la puissance des Sarrasins, trois ans en arrière, mourut le 28 septembre, peu après l'élection épiscopale de Raymond arrivée en 1104 dans les premiers jours de l'été. Après ce funeste événement, le royaume d'Aragon échut à son frère Alphonse dit le Batailleur par ses fréquentes sorties contre les Maures qui infectaient encore, en ce temps-là, une bonne partie de l'Espagne. Ce prince devint puissant par son mariage avec Urraque, héritière de Castille et de Léon ; il reçut honorablement saint Raymond à la cour et continua avec le pape Pascal les négociations d'usage pour l'installation canonique, qui se fit bientôt après la réception des bulles. Ces bons rapports ne furent pas de longue durée : l'évêque de Barbastre, cédant un jour à son devoir, eut le courage d'admonester ce roi sur les torts qu'il avait de tourner ses armes contre les chrétiens, tout aussi bien que contre les infidèles. Il refusa même de le suivre en qualité de grand aumônier dans une expédition nouvelle, ainsi que cela se pratiquait en Espagne depuis l'occupation de l'étranger. Cette attitude bien motivée irrita le superbe, lui fournit le prétexte de l'éloigner de sa personne et d'exercer contre lui une série de persécutions qui devaient durer plusieurs années. Pareille conduite, engendrée par la passion, fit tomber le prince en discrédit et ses entreprises hardies et souvent inconsidérées le conduisirent plus d'une fois à la dérive.

Saint Raymond voit déjà ouverte cette voie douloureuse où il doit porter sa croix ; il s'adresse en toute confiance au divin Sauveur qui l'a acceptée avant nous, et lui demande la force et le courage dont il a besoin pour accomplir sa divine volonté en toutes les épreuves qui l'attendent. Il sait que les maladies, les traverses, les contradictions et les injustices des hommes empêchent de réaliser souvent le bien qu'on voudrait opérer, et que Dieu tient un compte exact de la bonne volonté et de l'entière soumission qu'on apporte aux décrets de sa divine Providence. C'est ainsi que quand nous sommes affligés et victimes de la persécution humaine, le bon Dieu nous conduit par la main, comme saint Raymond, dans la route du Calvaire qui est celle de l'éternité bienheureuse.

CHAPITRE IX

Son expulsion et l'exil

L'évêché de Barbastre avait été canoniquement rétabli sous le règne de Pierre Ier, après que ce prince chrétien eut repris cette ville sur les infidèles.

En cette même année 1101, il obtint du pape Pascal II d'annexer à ce même diocèse les villes de Roda et de Ribagorza, qui faisaient partie de celui d'Urgel depuis 1049, époque à laquelle Ramire, roi d'Aragon, avait soumis les Maures en ces pays. L'ambitieux Etienne, évêque de Huesca, favorisé par le roi Alphonse, profite des circonstances pour revendiquer sur son collègue voisin des droits que le Saint-Siège ne lui reconnaît plus, et au préjudice duquel il veut étendre les limites de sa juridiction épiscopale. C'est toujours l'orgueil et l'envie de notre premier père qui agit en ce moment dans ce pontife renversé du trône de la grâce. Ces mêmes vices sont encore aujourd'hui les sources empestées de toutes les injustices qui perdent la plupart des hommes. Fermant enfin les yeux sur le scandale dont il va se rendre coupable, le prélat s'obstine contre toute raison et ne pouvant entrer pacifiquement en possession de l'objet qu'il veut usurper, il se livre forcément à des voies de fait, à l'instigation de son roi qui lui prête main forte pour en finir plus tôt.

Le légitime pasteur alors, violenté dans

sa propre résidence sur les attributions de son ministère, se voit de toute rigueur obligé de céder, devant la force et la brutalité des satellites. En prévision de ces manœuvres sacrilèges, le saint roi David nous dit qu'il ne faut pas porter des mains profanes sur les ministres du sanctuaire qu'il appelle les christs de son Dieu et qu'il faut avoir pour ses prophètes le respect et la vénération qu'ils méritent : *Nolite tangere christos meos et in prophetis meis nolite malignari* (Ps. 104).

Notre-Seigneur lui-même confirma hautement dans la suite ces paroles du Psalmiste quand il nous assure que celui qui écoute avec docilité les pasteurs de son église écoute Dieu en leur personne et que celui qui les méprise offense gravement l'autorité divine qui les a établis : *Qui vos audit me audit, et qui vos spernit me spernit* (Luc. X. 16).

Fidèles à ces grandes et importantes vérités, les premiers princes chrétiens se crurent obligés de donner à leurs sujets l'exemple du respect et de la soumission dûs au caractère des pasteurs, dans les rapports de convenance et de nécessité.

Conséquemment ils accordèrent à l'Eglise, en la personne de ses représentants, de nombreux privilèges, des biens temporels et des immunités pour faire honneur aux charges du saint ministère. Cette conduite impie, jusqu'alors sans égale, de l'évêque Etienne à l'égard de notre saint souleva l'indignation générale, un mouvement de sourde révolte qui aurait ouvertement éclaté, sans la force des armes et les pacifiques exhortations du légitime titulaire persécuté. En attendant que la divine Providence lui envoie de meilleurs temps, il se soumet entièrement à la force des circonstances, se réjouit intérieurement d'être trouvé digne de passer par le feu de la persécution et remet à la justice divine le soin de tirer vengeance des maux qui pèsent sur lui et son troupeau. Les décrets d'expulsion lui fixent la ville de Roda pour le lieu de sa nouvelle résidence avec le titre d'évêque de Ribagorza qui lui est provisoirement donné, ainsi qu'il en est fait mention dans les *Acta Sanctorum* et l'ancien bréviaire de Saragosse, au jour de la fête de la translation des reliques de saint Valère.

Son départ pour l'exil est, à Barbastre, l'occasion de bien des scènes déchirantes, de tristesses, de larmes et de regrets; ce sont aussi, dans tous les cœurs, les vœux les plus ardents qui le rappellent dans la paix et les anciennes joies que l'on goûtait auparavant, sous sa douce et paternelle autorité.

En ces moments de départ, se forme à sa suite une longue procession de chrétiens, de juifs et de Sarrasins sympathiques, dans une attitude grave, pour lui faire honneur et protester ouvertement ainsi contre toutes les mesures iniques exercées contre lui.

Bientôt, après une douce et courte ascension, on arrive au Podio, gracieux plateau qui domine la ville et où se trouve actuellement l'ermitage de saint Raymond avec une chapelle qui lui est consacrée, en mémoire de sa séparation qui se fit en cet endroit.

Là, le saint pasteur, après quelque peu de repos, et comme gage de cette tendre affection mutuelle qui doit toujours régner, élève les mains vers le Ciel pour en faire descendre les plus abondantes bénédictions, pour lui et pour ceux de ses enfants dont la fidélité est à toute épreuve. Comme Isaac à Jacob, il leur souhaite avec ardeur la rosée du Ciel et de la grâce, la fertilité de la terre, l'abondance du froment, de l'huile et du vin, avec l'empire sur leurs ennemis et la soumission des enfants de leurs mères. Se tournant ensuite vers la ville, il maudit et excommunie son sacrilège spoliateur et ainsi que tous les complices des abominables manœuvres que la vengeance et l'ambition ont soulevées contre lui.

Cette cérémonie terminée, le saint pontife, les larmes aux yeux et d'une parole émue, fait ses adieux à la foule et se dirige à pas lents vers Roda avec une petite suite où il trouvera l'accueil le plus gracieux qui lui fera quelques instants oublier les outrages qu'il a reçus de la mauvaise foi de ses ennemis.

Dans ces nouvelles conditions, il n'oubliera pas qu'il est toujours évêque, obligé de travailler avec le même zèle aux œuvres de charité et de profiter soigneusement de tous les moyens qui lui restent encore pour glorifier Dieu, sanctifier son âme et celle du prochain.

Cependant, de tous les points du diocèse, s'élèvent vers Dieu des prières et des supplications, pour lui demander la conversion des coupables, le retour de l'ordre et de la paix, le rétablissement complet de l'exilé dans ses justes attributions. Mais il est dit, dans le Psalmiste, que le pécheur verra la vérité des œuvres saintes, qu'il en refusera l'évidence, grincera des dents et frissonnera de dépit dans l'inaccomplissement de ses désirs pervers.

Nulle supplique, en effet, auprès du souverain, nulle plainte et représentation auprès de l'intrus ne purent amener le rappel du légitime évêque au siège dont il avait été expulsé. Forcément, l'église de Barbastre doit encore rester en proie aux divisions, et le troupeau, privé de son guide, sera sans défense au milieu d'ennemis qui ne cessent de le violenter.

Le vrai pasteur gémit continuellement de cette anormale situation : il prie, il jeûne et espère, revêt un rude cilice qu'il ne quittera plus de sa vie et reste enseveli dans sa retraite jusqu'à ce que de graves raisons l'obligent à l'interrompre. Les nombreuses chutes des hommes ne peuvent être réparées que par la prière, la pénitence et la retraite du cœur, en domptant la chair et ses convoitises, dans un état de contrainte et d'asservissement.

Dans ces conditions, les forces de l'âme, en redressant les affections de l'esprit, reprennent leur élan; le fardeau de la croix devient léger et on accomplit avec plus de courage et de goût les diverses obligations de son état.

On compte alors pour peu les contradictions qui peuvent arriver, en comparaison des souffrances de Notre-Seigneur et des consolations de ceux qui marchent à sa suite vers le Calvaire.

Après que le saint évêque a vaqué à ses devoirs religieux et à ses principales occupations, il consacre de bons moments à rappeler, par écrit, à tant de fidèles éloignés qui le pleurent que la vie de l'homme est une lutte incessante et que ceux qui veulent appartenir à Jésus-Christ doivent supporter avec patience les adversités de ce monde, qui sont pour nous un moyen de satisfaire à la justice divine et d'arriver à la patrie heureuse. L'expérience nous montre assez que la terre est un lieu de bannissement, plus ou moins prolongé ; il importe donc d'accepter de bon cœur les rigueurs qu'elle nous offre pour mériter les récompenses qui y sont attachées.

Saint Basile le Grand disait au préfet Modeste : Quant à l'exil, il ne vous sera pas facile de m'y condamner ; c'est le Ciel et non le pays que j'habite que je regarde comme ma patrie.

Dans ces mêmes sentiments, saint Raymond se regardait comme étranger partout et ne songeait qu'à faire la volonté divine dans les consolations et les rigueurs de la fortune. Ces dispositions en lui sont celles d'une âme avancée dans les voies de la perfection et dont la réputation de vertu attirait à Roda nombre d'étrangers qui lui apportaient l'expression de leur vive sympathie en même temps qu'ils venaient s'édifier de sa grande sagesse et de l'éminente sainteté qu'il avait acquise dans le service de Dieu.

Le vénérable pontife était vivement touché de ces marques de bienveillance qu'on avait pour lui, et, comme Notre-Seigneur pour la Chananéenne, il trouvait à son tour quelques miettes du pain de la parole de vie pour les départir à ses chers visiteurs. Le Pape Pascal II, informé de cette situation anormale faite à l'évêque de Barbastre, s'en émeut et sans perdre de temps il écrit une lettre pleine de respect, de dignité et d'énergie au roi d'Aragon, qui avait dans cette grave affaire la plus grosse part des responsabilités. S'adressant en même temps à Etienne de Huesca, il lui rappelle son devoir et lui fait sentir que par là même qu'il y a failli audacieusement, en plein escient, il a encouru les anathèmes de la sainte Eglise. L'évêque prévaricateur doit donc rentrer à résipiscence dans les conditions établies, abandonner entre les mains du véritable titulaire le siège qu'il a usurpé et restituer dans le délai fixé les revenus qu'il a injustement perçus au détriment de l'expulsé.

Ces deux esprits endurcis restèrent sourds à la voix du Souverain-Pontife et au cri de leur conscience agitée ; dès lors on crut voir à l'horizon des points noirs qui faisaient présager un dénouement tragique qui mettrait fin à de telles iniquités. Ces scènes déplorables ont leur point de départ dans l'orgueil, vice des plus funestes qui est placé en tête des péchés capitaux, pour marquer qu'il est la source de toutes les passions dont la plupart des hommes sont les esclaves sur la terre. Dès l'origine, il perdit les anges rebelles, Adam et Eve, et il perd encore aujourd'hui tous ceux qui marchent sur leurs traces. Son fatal poison infecte tous les cœurs et tyrannise incessamment toutes les volontés ; les plus secrets replis de l'âme lui servent de retraite, et de tous nos ennemis c'est toujours le plus redoutable et le dernier vaincu. Les plus belles actions sont dénaturées par sa malignité, et sans cesse il faut être en garde contre ses assauts, pour ne point se laisser aller à un funeste naufrage. C'est à la prière et à la vertu d'humilité que l'on a toujours reconnu les vrais disciples de Jésus-Christ ; cette douce disposition les rend respectueux et soumis envers l'autorité divinement établie ; ils y trouvent leur paix et un préservatif contre la présomption et l'indocilité qui enfantent en tous les temps les plus graves erreurs.

L'orgueilleux nourrit continuellement des sentiments de révolte et d'indépendance ; il adore ses propres pensées et y reste opiniâtrement attaché. En vain la lumière de la vérité fait-elle briller ses rayons, il y ferme les yeux et reste le très humble serviteur de ce vice qui le conduit à la perdition. Saint Raymond détestait souverainement cette funeste disposition, et à son exemple il faut continuellement travailler à le déraciner de notre cœur pour établir sur ses ruines le véritable esprit de Jésus-Christ qui lui est opposé.

CHAPITRE X

Les Conversions

De la ville de Roda, notre saint pontife voit qu'il y a beaucoup à faire encore dans les provinces d'Aragon pour augmenter le troupeau du Seigneur et de sa sainte Eglise. A cette fin, toutes ses ambitions momentanées se portent vers la conversion des musulmans qui restaient encore parmi les chrétiens depuis la défaite de leurs armes. A l'exemple du divin Maître et de ses apôtres, il parcourt les villes et les campagnes, fait entendre la parole du salut, encourage partout les œuvres de zèle et de charité, visite les institutions et les hôpitaux, distribue des secours aux nécessiteux, donne des soins aux malades et console les affligés. L'empire qu'il exerce sur les âmes lui soumet les esprits les plus fiers et les plus endurcis ; ce don sacré qu'il tient de la divine miséricorde le rend plus humble et plus apte à opérer de plus grandes choses. Cette douce impulsion des divines économies qui opère en sa personne dans les masses témoigne ouvertement de sa vertu réelle et du bon esprit de Jésus-Christ qu'il fait régner dans les cœurs et les volontés. En toutes ses actions, il n'a qu'une seule chose en vue : être apôtre, père et ami, prêchant toujours par l'exemple, dans le détachement des biens de la fortune et la juste mesure qu'il faut apporter à la distribution de la part dont le chrétien doit raisonnablement disposer en faveur des malheureux qui se recommandent à ses attentions. Le soulagement des maux physiques de la société, tout comme celui qui a trait à la vie spirituelle de l'âme, fait partie essentielle de la mission de l'évêque, du prêtre et du simple fidèle : *Non diligamus verbo, neque linguâ, sed opere et veritate* (1. Epist. c. 18, Joan.). Notre divin modèle a pitié de cette foule qui le suit depuis trois jours, sans avoir de quoi manger ; sur ses ordres elle est miraculeusement rassasiée (Marc, VIII). La foi, l'espérance et l'amour se perfectionnent sous l'action divine, faisant le bien à l'humanité souffrante, et c'est encore sous cette main invisible, toujours étendue sur l'homme de bien que se fortifie sa nature défaillante pour mettre son salut hors de danger. Saint Raymond, avec ses saintes industries, allait sans crainte dans les quartiers des Sarrasins, s'abouchait aisément avec eux et leur parlait avec profit des vérités fondamentales du christianisme. Notre-Seigneur est la voie, la vérité et la vie ; de même l'Eglise, œuvre manifestement sortie de ses mains, est également la voie, la vérité et la vie pour tout homme sur la terre.

C'est un vaisseau spirituel dans lequel il faut de toute rigueur entrer pour se préserver des vagues et des tourmentes de la vie ; il nous conduira en toute sûreté dans les sentiers de la justice et du salut. Elle est la vérité parce qu'elle est divine et qu'elle a mission d'enseigner à toute puissance; elle est la vie, parce qu'elle est dépositaire des sacrements et d'une infinité de grâces qui s'y rattachent comme moyen de conservation et de persévérance pour tous ceux qui en profitent efficacement. L'amour tendre et sincère de saint Raymond pour les âmes lui assurait beaucoup de conquêtes parmi ces infidèles, et c'est toujours en vertu de ces mêmes affections de zèle et de sacrifice pour elles qu'il répétait souvent aux nouveaux convertis de se tenir en garde dans les jours mauvais que l'esprit des ténèbres susciterait contre le précieux trésor de la foi qu'ils venaient de trouver.

Celui qui, après avoir mis la main à la charrue, leur disait-il, regarde en arrière n'est pas propre au royaume des cieux, mais bien celui qui persévère jusqu'à la fin.

CHAPITRE XI

Sa nouvelle dignité

La situation du saint évêque, relativement à la reprise de son siège épiscopal, ne subissait aucune amélioration, le mauvais vouloir du roi et de l'intrus était toujours la seule cause de ce regrettable retard.

Pareilles dispositions préjudiciables aux intérêts de notre saint et de ses fidèles inspirent au chapitre de l'église cathédrale de Saragosse la charité et la courtoisie d'offrir à l'évêque persécuté le titre de chanoine de cette église avec la part des revenus afférents à cette dignité.

Profondément touché de cet acte de fraternité chrétienne, le saint prélat rend à Dieu de très humbles actions de grâces et lui promet de se servir consciencieusement de ces nouveaux moyens pour soulager bien des misères qu'il rencontrait souvent sur son passage. S'inspirant alors des paroles du Psalmiste: *Quid retribuam Domino pro omnibus quæ retribuit mihi*, il lui renouvelle l'offrande de son cœur, et de nouveau il lui demande la pureté de l'âme pour recevoir avec profit le calice du salut.

Le devoir de la reconnaissance envers ces dignitaires qui l'honorent et lui font du bien lui inspire une précieuse attention qui les comblera de joie et de bonheur. En retour, il leur fait hommage d'une relique insigne de saint Valère, qui avait été évêque de Saragosse, sa ville natale, du temps où le féroce préfet Docien y faisait exécuter les cruelles lois de l'Empire. Dans cette dignité, le saint pontife avait employé tous ses soins et son courage à la propagation de la foi chrétienne avec son diacre Vincent, auquel il avait confié le ministère de la parole sacrée.

Les décrets de persécution les firent

amener chargés de chaînes au tribunal du tyran où ils bravèrent les menaces et les supplices dont ils furent accablés. Vincent rendit son âme à Dieu dans les plus horribles tortures de la prison, de la faim, du chevalet, de la dislocation, des lames rougies et du gril placé sur les charbons embrasés. Mais Valère, à cause de son grand âge, fut exilé dans la ville d'Anet, en Aragon, où il fit bâtir une église en l'honneur de son disciple martyr qu'il espérait revoir bientôt au Ciel.

Ses veilles, ses mortifications et ses longues prières ayant occupé sa vie jusqu'au dernier moment, il expira, le sourire sur les lèvres et la paix dans l'âme, en l'année 315 de notre sainte Rédemption. Les chrétiens ensevelirent son corps au château de Strada, d'où il fut plus tard transporté au monastère de Roda et placé dans une riche châsse où il est toujours saintement vénéré.

L'église cathédrale de Barbastre possède également une importante relique de ce saint que l'on expose à la piété des fidèles, le jour de sa fête, dans un buste épiscopal d'argent, qui fait le pendant de celui de saint Raymond.

Le jour de la réception à Saragosse des précieux restes du pontife fut solennellement fêté par les fidèles et les étrangers qui s'y étaient rendus pour rehausser la cérémonie.

Une longue procession, formée à l'église et se déroulant dans les rues de la cité, arriva à la rencontre du coffre sacré ; le pontife du lieu, revêtu des ornements sacrés, le reçut délicatement dans ses mains, le baisa tendrement et le plaça ensuite sur le riche brancard couvert de soie et d'or que des mains habiles lui avaient préparé. Durant le parcours de la procession, ce ne sont que des louanges d'actions de grâces, de douces et nombreuses manifestations de joie. Le saint rentre en quelque sorte de son exil parmi les siens ; c'est un ami puissant de sa ville natale ; bientôt il signale sa protection en sa faveur par un grand nombre de miracles. Déjà, dès son arrivée, on sent sa présence par des consolations intérieures difficiles à exprimer et par la guérison miraculeuse d'un possédé qu'on lui fit toucher. Ce fait merveilleux saisit aussi d'admiration les Sarrasins de cette ville : bon nombre d'entr'eux, abjurant les croyances absurdes du faux prophète, se rangèrent sincèrement sous la bannière de la vraie foi.

Le prodige qui vient de s'opérer a tout le degré de certitude qui exclut le doute pour tous ; c'est un vrai miracle qui porte à reconnaître Dieu en la personne de ses saints, à l'adorer et à reconnaître sa sainte volonté.

Ici, quelques-uns des enfants de l'islamisme se rendent à l'évidence, tandis que les autres y ferment complètement les yeux ; il est donc vrai de répéter avec le saint Evangile qu'il y en a beaucoup d'appelés et peu d'élus ; c'est un des grands secrets de la gratuité de la grâce, un des plus grands mystères que nous ne saurions pénétrer.

CHAPITRE XII

Son Apostolat à Saragosse

En sa nouvelle qualité de chanoine de Saragosse, le saint évêque Raymond était parfois appelé à figurer en personne à certains offices et cérémonies religieuses avec les autres membres du chapitre de cette église. Ses grandes vertus, rehaussées de riches talents exercés avec modestie, lui valaient les affections de tous. Quand il était à l'autel et à la chaire, foule de personnes sympathiques d'entre le peuple et la haute classe étaient réunies autour de lui pour le voir et l'écouter. Ses prédications étaient simples et toujours basées sur les saintes Ecritures avec des comparaisons et des traits historiques qui rendaient les matières saisissantes et à la portée de tout le monde.

Le vif désir qu'il avait d'établir sûrement le règne de Jésus-Christ dans les âmes lui faisait abandonner toutes les recherches de style et de formes trop élégantes pour aller plus droitement au cœur et à la pratique des vertus chrétiennes. Dans les bas sentiments qu'il avait de lui-même et malgré tout le bien qu'il opérait en son ministère, il ne prétendait nullement être un prédicateur, en cherchait encore moins la réputation, bien qu'en vérité il le fût réellement aux yeux de tous. Un ministre de l'Evangile qui compte sur une éloquence purement humaine ne réussira jamais à toucher les cœurs de ses auditeurs. On peut flatter l'oreille et s'attirer des applaudissements, sans échauffer les cœurs et produire des fruits de justice et de salut. Une vie de prière et de mortification, comme celle de saint Raymond, fait descendre du ciel la rosée de la grâce sur les travaux de la prédication.

Elle pénètre son âme d'amour pour la

vérité qu'il doit annoncer, et donne à ses discours une force et une action qui ne manquent jamais de produire leur effet. Saint Raymond était un ministre rempli de l'esprit de Dieu, un ange parmi les hommes qu'il instruisait, avec le don de gagner à la vérité du salut les âmes les plus endurcies dans les voies du vice et du péché.

Notre saint pontife et missionnaire prenait également place dans un confessionnal, en bon père spirituel, entre les principaux exercices de la journée, entendait patiemment les embarras des consciences pour rendre aux âmes le calme et la sérénité. Les paroisses se disputaient l'honneur de son ministère et les ordres religieux celui de l'édification personnelle et de ses cérémonies pontificales qu'il accomplissait avec beaucoup de grâce et de majesté. Après ces diverses œuvres de son apostolat, exercé avec tant de zèle et de charité, on pouvait dire de lui, comme plus tard de saint François de Sales, après avoir prêché un carême à Dijon, avec tout le succès d'un homme de Dieu, qu'il emportait avec lui tous les cœurs de cette population. Son passage paraissait toujours court aux fidèles qu'il instruisait; tous, à son départ, étaient d'avis qu'il aurait pu faire, parmi eux, un séjour plus prolongé.

En diverses circonstances, tandis qu'il parlait assis, dans des réunions, certaines personnes d'art traçaient approximativement son portrait, s'inspirant de l'idée que sa sainteté serait un jour attestée par un grand nombre de miracles. On conservait soigneusement aussi bien des objets qui avaient servi à son usage et qu'on voulait léguer à la postérité comme de précieuses reliques qu'il faudrait vénérer.

Partout les malades et les infirmes voulaient le voir, lui parler et l'entendre ; pour chacun d'eux, il avait toujours des paroles de consolation et de paix, leur accordait une large part dans ses prières et des souvenirs spéciaux au saint sacrifice de la messe. On en a même plusieurs fois vus revenir de cette sorte d'un état désespéré à la santé la plus parfaite. Le Seigneur est admirable dans l'économie de sa divine Providence vis-à-vis de ses saints. Son pouvoir et sa sagesse sont infiniment au-dessus de nos faibles lumières et de notre entendement. Il réserve au grand jour de sa justice le moment de dévoiler les secrets et les trésors de son amour infini pour les hommes. Les prélats des diocèses voisins de Barbastre, qui voyaient si souvent notre saint à l'œuvre de la sanctification des âmes, le regardaient comme un oracle, le consultaient dans leurs difficultés et avaient une foi entière à ses lumières et à sa profonde sagesse. Raymond s'humiliait de cette confiance qu'on accordait à son mérite, à sa vertu et à son talent, et en rapportait à Dieu toute gloire comme source inépuisable de tous les biens dont il enrichit ses enfants. Doué des meilleures qualités physiques et morales, il réalisait pleinement le portrait que l'apôtre saint Paul trace du véritable pontife du Seigneur. L'amour de Dieu et du prochain était pour lui toute la loi, et les prophètes toute l'économie divine et sacrée qu'il exaltait au-dessus de tous les biens et les grandeurs de la terre. Les ascètes nous disent, en effet, que la vraie charité engendre toutes les vertus nécessaires à la vie sociale et religieuse, qu'elle vivifie la foi, fortifie l'espérance et nous vaut des trésors de miséricorde et de bonheur pour l'éternité. Cette vertu en saint Raymond était toujours active, prudente et éclairée, patiente, douce et sans envie, faisant plus de bien, elle seule, à l'Eglise et à l'humanité que toutes les théories réunies des grands investigateurs du bien-être social.

CHAPITRE XIII

Ses voyages en deçà des Pyrénées

En sa qualité de seigneur français et de pontife de la sainte Eglise, l'évêque de Barbastre se vit plusieurs fois dans la nécessité de repasser la frontière durant le cours de son laborieux épiscopat. Il avait laissé de précieux souvenirs dans le lieu de sa naissance, à Pamiers, à Toulouse, des affections et des regrets dans sa famille, à l'abbaye de Saint-Antonin et parmi les moines de Saint-Saturnin qu'il avait édifiés par sa sagesse dans le gouvernement de ce célèbre monastère. Il avait toujours des amis dans l'épiscopat, parmi la noblesse et dans le peuple ; le souvenir de ses brillantes études, du ministère de sa parole et des bienfaits qu'il répandit dans les âmes était toujours présent dans l'esprit des personnes qui le connaissaient. Elles étaient heureuses de sa courtoise et charitable visite à laquelle elles attachaient un grand prix ; son séjour durant lequel il était toujours en œuvres de zèle était un sujet de consolation où elles ranimaient leur foi et leur piété sous un si bon modèle qui était pour elles un motif de persévérance dans la voie du salut. Il est rapporté, dans un mémoire dressé en l'année 1458, que Roger II, comte de Foix, fit retirer les reliques de saint Volusien de l'église abbatiale de Saint-Nazaire qui menaçait ruine, et les fit solennellement transférer dans une chapelle de Montgauzy, jusqu'à la restauration de ce remarquable édifice.

A cette imposante cérémonie, accomplie le 14 janvier de l'année 1111, étaient présents Amulius, évêque de Toulouse et du pays de Foix, Raymond de Durban, les membres du clergé et bon nombre de seigneurs de la dépendance du comté.

Quatre ans plus tard, avait lieu à Cassan, dans le diocèse de Béziers, la consécration solennelle de l'église abbatiale de ce lieu, Raymond était encore du nombre des prélats qui assistaient à cette cérémonie avec les notables du pays.

En 1118, du consentement de l'évêque de Toulouse, Raymond consacre l'église de Rutilans près de Lézat, selon les prescriptions établies, en présence des moines et de Pierre de Durban, son parent et chevalier de ce château. En cette même année 18 juillet, fut tenu à Toulouse un concile important, sous la présidence du Pape Calixte II ; ce pontifie et les évêques s'occupèrent tout particulièrement des moyens propres à réprimer les sectateurs de Pierre de Bruis et de Henri, son disciple, qui rétablissaient les dogmes et les pratiques détestables des Manichéens, sous des formes nouvelles. L'évêque de Barbastre prit une large part à la disposition de ces travaux qui eurent d'excellents résultats pour la foi catholique et le calme des esprits que les passions agitaient en bien des endroits. Dans tous les temps, l'Eglise a eu des luttes brûlantes à soutenir contre le monde pervers et corrompu ; mais appuyée sur la pierre ferme, fortifiée et défendue par la prière et les œuvres de foi, elle a toujours triomphé avec éclat des ennemis de son nom.

Heureux le chrétien que le feu de la persécution éprouve ! Il recevra en son temps la couronne de gloire que la justice de Dieu lui réserve (Jac., 1. 12) ; il a été reconnu digne d'elle dans les œuvres de sanctification qu'il a opérées. Notre saint pontife se rendit bientôt après en Espagne pour y continuer, avec le même zèle et la même persévérance dans les tribulations de la vie, son ministère épiscopal jusqu'au jour où le Seigneur l'appellera à lui pour le récompenser des combats qu'il a soutenus pour la gloire de l'Eglise et des intérêts de la foi. Depuis longtemps, comme l'apôtre, il désire la dissolution de son corps pour une vie meilleure, mais d'autre part, comme saint Martin, il dit : Seigneur, si je suis encore utile à votre Eglise, je ne refuse pas le travail, les fatigues, les larmes et la prière.

Comme le cerf altéré court après les eaux limpides d'une source salutaire, ainsi il soupirait ardemment vers cette heure fortunée qui pourrait le ramener pour toujours au milieu de son cher troupeau, pour être encore son père, son guide et sa lumière. Dans ces jours de consolation et de paix qu'il espérait voir, il demandait à la grâce divine de rendre à son âme une nouvelle force et un courage tout nouveau, pour oublier ses peines, et seul à seul avec Jésus devant le trône de sa divine miséricorde et de son amour, il aurait voulu verser des larmes de joie, s'identifier avec lui et opérer ensuite des prodiges de valeur pour exalter sa puissance et ses bienfaits.

CHAPITRE XIV

La vengeance divine

Durant les saintes opérations de cet homme de Dieu, l'évêque Etienne de Huesca était pleinement resté en possession de la ville épiscopale de Barbastre, contrairement aux admonestations du Pape Honorius II, qui occupait alors la chaire de Saint-Pierre. D'après ses calculs, il pensait que ce pontife, depuis longtemps en silence sur cette question difficile, finirait par accepter les faits accomplis dont la durée avait déjà formé à ses yeux une sorte de prescription. Dieu, cependant, ne laisse jamais la mauvaise foi impunie ; bientôt un exemple frappant viendra confirmer cette grande vérité par une scène tragique qui sera l'expression de sa colère déchaînée contre lui.

Etienne projette un voyage pour Rome ; le roi, instruit de ce dessein, l'approuve dans la pensée qu'il pourrait en résulter une réconciliation pacifique avec le Saint-Siège, et une reconnaissance légale de la nouvelle circonscription qu'ils avaient tracée au diocèse de Huesca. Déjà, l'intrus est en marche dans ce but pour la Ville-Eternelle, accompagné d'une certaine suite; mais le Dieu de toute justice et sainteté ne permettra pas une bonne fin à cette démarche dont le succès exciterait dans l'esprit de ses sujets de nouveaux sentiments de haine et de mépris pour lui. Il n'est pas digne d'occuper canoniquement un siège dont il a dépouillé un juste qu'il a persécuté, et sans y penser il va à une mort funeste, dont le roi et ses sujets vont être vivement impressionnés. Elle est digne, en effet, de cette dureté de cœur, de cette vie d'ambition et d'orgueil dont il a toujours donné des preuves, dans le monde et à la cour où il cherchait les bonnes grâces, la louange et les honneurs. Il semble arriver au terme de son voyage, mais à peine a-t-il mis le pied sur le rivage des Etats pontificaux, que des sicaires, instruments de la vengeance divine, se saisissent de sa personne et le font périr misérablement, sans lui donner le temps de prononcer ouvertement un acte de réconciliation avec le Dieu qu'il avait irrité. Ses compagnons pénétrés d'une terreur panique l'abandonnèrent entre leurs mains et reprirent à l'instant la voie de l'Espagne pour rapporter au roi la triste nouvelle de cet évènement inattendu. Tout le peuple vit avec son souverain, en cette mort violente, les premiers symptômes des malheurs dont le règne d'Alphonse était menacé.

L'autorité de l'Eglise est une vive lumière qui éclaire les âmes dociles et de bonne volonté, les guidant toujours en toute sûreté dans les voies de la pure vérité ; le chrétien qui la refuse tombe dans le plus complet aveuglement de l'esprit et du cœur, et ses œuvres d'iniquité, en l'éloignant toujours de la barque de Pierre, l'exposent à un danger imminent de faire à jamais un funeste naufrage. Les apôtres, réunis pour la première fois à Jérusalem, nous enseignent que la sainte Eglise est dirigée par le Saint-Esprit à qui la vertu d'éclairer et de guider est spécialement attachée, et par conséquent cette divine autorité, toujours conduite par cette divine personne, ne peut errer ni préjudicier les fidèles soumis à son infaillible vérité. Notre-Seigneur lui-même nous le fait suffisamment comprendre, quand il dit que celui qui n'écoute pas cette spirituelle puissance doit être regardé comme un païen et un publicain dont la conduite mérite châtiment en cette vie ou en l'autre.

CHAPITRE XV

Sa Réhabilitation

Durant tout le temps de son exil, Raymond ne cessa jamais de prier pour ses ennemis et d'exercer au besoin, à leur égard, tous les bons offices que la charité chrétienne pouvait lui inspirer. Il était plein de respect pour l'autorité temporelle des princes, n'oubliant pas que toute puissance émane de Dieu, et que, par lui, les souverains et les préposés règnent sur les peuples et les conduisent à leurs propres destinées. Notre saint voyait quelque chose de grand dans l'âme du monarque, après que les cérémonies de l'Eglise avaient imprimé en lui les onctions saintes, à l'instar de la consécration royale des anciens accomplie au pied des autels. Dans ces conditions, la royauté est une sorte de sacerdoce qui grave un caractère de force et de grandeur à ce sacre intérieur qui s'opère au moment où le droit place quelqu'un sur le trône pour présider aux intérêts de ses sujets.

Le roi Alphonse connaît depuis longtemps ces sentiments et toutes les œuvres de religion qu'accomplit le saint exilé depuis le jour où il fut dépossédé. Il en est édifié, tandis qu'intérieurement il n'a jamais eu que du mépris pour le malheureux Etienne que l'esprit de Jésus-Christ avait abandonné. D'autre part, l'abus qu'il a lui même fait de son autorité, la gravité de ses écarts, le mécontentement général qui règne, le désarroi dans ses affaires gouvernementales, le châtiment qui vient de frapper l'intrus, lui inspirent des sentiments de crainte et de retour.

Il croit toujours apercevoir la main de Dieu étendue sur sa tête, prête à le frapper, il veut en prévenir les coups et calmer la colère divine en brisant son orgueil par un acte de réparation publique à l'égard d'un saint qui donne les plus beaux exemples de vertu à tous les témoins de ses adversités. Ces saintes dispositions, aidées de la grâce, lui rendent un commencement de paix à la faveur de laquelle il rappelle de l'exil le saint évêque de Basbastre pour le réintégrer solennellement dans la paisible possession des droits dont il avait été violemment dépouillé. Cet acte de justice et de religion a réjoui l'Eglise et provoqué dans tout le diocèse de saintes manifestations qui annoncent le retour des beaux jours.

Maintenant que la domination des Maures est brisée, que le schisme a cessé, que la sainte Vierge, dans une apparition au Poueyo de Barbastre, a promis une protection spéciale à ce pays, il semble que de longtemps la religion ne verra pas ses doux bienfaits arrêtés par de nouvelles persécutions.

La vie de l'homme sur la terre est semée de contradictions, et ce n'est que par la douce pratique de la vertu de patience que l'on peut posséder son âme dans ses épreuves : *In patientiâ vestrâ possidebitis animas vestras* (Luc, XXI, V. 19).

Cette vertu est, en effet, à tout instant nécessaire, parce que, continuellement nous avons quelque chose à souffrir de la part du prochain et de nous-mêmes. La patience seule peut rendre notre exil supportable, adoucir la rigueur des maux qui nous affligent, et parce que vous avez gardé la patience qui vous est ordonnée par ma parole, nous dit le Seigneur dans l'Apocalypse, au chapitre III, verset 10, je vous garderai à l'heure de la tentation qui viendra pour éprouver ceux qui habitent sur la terre : *Quoniam servasti verbum patientiæ meæ et ego servabo te ab horâ tentationis, quæ ventura est in orbem universum tentare habitantes in terrâ.*

CHAPITRE XVI

L'Expédition militaire.

Le saint évêque de Barbastre se disposait à reprendre l'exercice de son ministère épiscopal, au milieu des joies et des fêtes publiques, lorsque, à peine arrivé à la cour du roi pour accomplir auprès de lui le devoir des convenances, il fut choisi en qualité de grand aumônier des troupes, dans une expédition que le prince avait organisée contre les Maures de Malaga. Alphonse connaissait sa haute naissance et n'ignorait pas que de bonne heure le saint prélat avait cultivé la carrière des armes où il s'était, en maintes circonstances, couvert de gloire par sa valeur et ses vertus militaires. Il a la foi que la présence de Raymond, également établi arbitre et juge de ses combinaisons militaires, relèvera puissamment au besoin le moral de son armée, et servira efficacement les intérêts de sa politique contre l'étranger.

Les premiers soins de notre pontife furent d'offrir l'auguste sacrifice et de ferventes prières au Dieu fort des combats pour demander sa protection et le secours de la Vierge-Marie au sanctuaire du Pilar, envers laquelle il avait la plus tendre dévotion. Cependant les préparatifs sont faits, les ordres sont donnés, les rangs sont formés et la campagne s'ouvre dans des joies et des chants patriotiques, avec les espérances qu'un énorme butin restera entre les mains des belligérants. Les chances, pourtant, restèrent longtemps incertaines dans des combats les plus sanglants; le matériel et les résistances de l'ennemi rendirent le siège difficile et la victoire laborieuse. La force de la température engendra la peste dans le camp, et beaucoup de braves périrent en cette sortie lointaine victimes des rigueurs de la fortune. Quelques-uns des survivants se prenaient de découragement ; le saint prélat excitait leur bravoure par la parole et l'exemple, répétant avec l'apôtre que celui qui voudra sauver sa vie quand il faut la sacrifier la perdra, et que celui qui l'aura perdüe pour la cause de la justice la retrouvera en Dieu dans les récompenses qu'il aura méritées. Il est indubitable que Notre-Seigneur sera le bien réel, le repos et la paix de cette âme généreuse qui aura vaillamment travaillé à sa gloire, à la prospérité de la patrie et à la sécurité de ses frères. La terre, avec tout ce qu'elle contient d'incertain, n'est pas la patrie réelle, une rude expérience le démontre sans cesse par les terribles coups que la mort apporte parmi nous.

Au jour terrible du jugement, disait-il avec saint Pierre, elle passera par le feu pour être purifiée des abominations de ses enfants. De même qu'un larron s'introduit furtivement durant le sombre de la nuit, ainsi viendra inopinément le Seigneur, dans le bruit d'une effroyable tempête, dissoudre les éléments embrasés pour reconstituer un nouveau monde où sa justice habitera pour régner sur les êtres purifiés (Pet. III. Epist. II).

Le dévoué pasteur, soutenu par la grâce et son courage, se maintient encore en bonne santé dans les diverses opérations auxquelles il est obligé de se livrer, il parcourt le camp pour s'assurer des divers besoins qui peuvent s'y trouver ; il prodigue des soins aux malades comme le plus humble des infirmiers, les dispose saintement aux derniers devoirs de la religion et à aller paraître avec confiance au tribunal du souverain Juge. Il apprend qu'il y a eu des traîtres et des lâches dans un engagement ; il les reprend avec une douce sévérité, leur montre que Dieu est la source de toute force, et qu'il faut lui demander cette vertu comme le pain dont notre vie a tous les jours besoin pour se maintenir. Ces quelques paroles raniment les dispositions belliqueuses des combattants, et tandis qu'on en revient aux mains, le bon père spirituel prie, les bras en croix et les yeux élevés vers le ciel, à l'instar de Moïse sur la montagne pour obtenir plus sûrement la victoire sur les ennemis de Jésus-Christ. Le drapeau et le croissant de Mahomet sont alors rudement tiraillés, éprouvent de sanglantes défaites, et l'avantage reste tout entier à l'armée chrétienne au moment où le saint prélat vient de terminer sa mission sur la terre. Quel doux spectacle que celui d'un homme vertueux aux prises avec les plus rudes difficultés de son ministère! La religion lui inspire le vrai courage, l'élève au-dessus des dangers qui le menacent, et après avoir triomphé de ses passions, il opère des prodiges de valeur par l'action de la prière, de la parole et de l'exemple dans la défense des intérêts sociaux et spirituels des âmes.

CHAPITRE XVII

Sa sainte Mort.

La belle âme de Raymond était une fleur délicate, digne d'orner les célestes parterres du Seigneur, et ses œuvres, comme des fruits précoces de grâce et de salut, avaient mûri pour l'éternité dans les combats et les tribulations de la vie. Tant de travaux, de souffrances, de privations, de dévouement et de sacrifices dans l'armée l'ont réduit à un profond épuisement de forces qui le mettent entièrement hors de service et l'obligent forcément au repos. Bientôt sa santé inspire des craintes sérieuses; on voudrait le conserver encore pour le bien des âmes; on fait des prières pour lui, et sur les ordres du roi, il est dirigé vers la ville de Roda, où sont encore ses principaux intérêts, pour y être soigné dans une atmosphère plus dégagée.

Les fatigues de la route l'obligent à s'arrêter à Huesca, où, de toute rigueur, il s'alite pour bientôt rendre son âme à Dieu, sous ce ciel qui avait abrité son persécuteur. Instruit de cette grave situation, le chapitre de Roda députe incontinent auprès de l'auguste malade quelques-uns de ses membres pour lui rendre les devoirs de son ministère et recevoir comme un précieux héritage l'expression de ses dernières volontés. Alors, devant une assistance sympathique et dévouée, qui rend témoignage à sa vertu longtemps éprouvée, il rassemble le peu de forces qui lui restent pour l'édifier avant de mourir, d'une touchante exhortation sur les principaux devoirs du prêtre et du fidèle. « Bientôt, mes frères, leur dit-il, je ne serai plus de ce monde ; le temps est court, l'éternité ne finit plus; vivez toujours de la vie de la grâce dans la foi, l'espérance et l'amour, dans la pratique constante de vos devoirs, loin des affections désordonnées de toute pensée, de tout désir, de tout mouvement immodéré des distinctions et de la gloire. Aimez la souffrance, la mortification des sens qui affaiblissent les saillies de la nature, et font triompher les puissances de la volonté sur les plaisirs et les voluptés.

» Nourrissez-vous sans cesse de la lecture des saints livres, de l'enseignement de la sainte Eglise, de la vie des saints, eux qui ont combattu avant nous dans les arènes de la vie, et gardez précieusement le trésor de la pureté de l'âme et du corps. Cette vertu, en effet, est le boulevard de la sainteté, la tour de la grâce, le rempart de la justice et de la perfection. Soyez fervents dans l'exercice de votre saint ministère ; aimez la sainte Eglise, et faites-la aimer des fidèles par votre exemple et vos prédications. N'oubliez pas que vous êtes les dépositaires et les gardiens de la vérité divine, que vous tenez entre vos mains cette échelle mystérieuse de Jacob, dressée vers le Ciel pour y faire arriver les âmes.

» Après mon trépas, souvenez-vous de moi, alors que je serai devant le Dieu de toute justice et sainteté pour lui rendre compte de mon administration épiscopale; aidez-moi par vos ferventes prières à subir une douce sentence, loin des terreurs et des artifices de Satan. » Puis, s'adressant au Père des miséricordes, souverain Pasteur des âmes, il le prie encore une dernière fois d'éclairer le troupeau qu'il va quitter, et de toujours l'éloigner de la voie du vice et de l'iniquité, de le recevoir un jour dans sa sainte paix, quand l'heure du départ aura sonné. En ce moment le saint pontife, affaibli par cette touchante exhortation, reçoit dévotement les saintes onctions et le pain vivant des voyageurs; son âme en est réconfortée et est toute prête à paraître dans l'éternité. La vraie sainteté, dans un pasteur des âmes, conserve jusqu'au dernier moment de sa vie la foi et le zèle dont elle a toujours été animée dans le service de Dieu. Tandis qu'elle possède encore un reste de force et de vie, elle se croit obligée à étendre le royaume de Dieu et sa justice dans les derniers sacrifices, et se mettant au-dessus des fatigues, des contradictions, des souffrances et des maladies, elle accomplit sa mission parmi les hommes et bientôt elle est couronnée de gloire et d'immortalité. Saint Raymond, en ces instants suprêmes, voit auprès de lui des brebis qui ne sont pas de sa bergerie; néanmoins, il faut qu'elles entendent sa voix pour les confirmer dans la docilité et le respect qu'elles doivent à l'autorité du véritable pasteur qui en est chargé.

Il nous a été doux de méditer les principaux traits de cette vie sainte qui nous a occupé, de développer ces merveilleux travaux de bénédiction et de grâce accomplis avec tant de zèle et de persévérance envers et contre les embûches que Satan lui opposa pour en empêcher les doux résultats. Nous avons admiré cette foi vive, cette abnégation sans bornes, cet amour pur, ce courage inébranlable dans les luttes, cette douce confiance en Dieu qu'il a toujours nourrie, et sa persévérance dans la voie du Calvaire, jusqu'au moment où Dieu lui a ouvert les portes du Paradis. Il s'éteint, maintenant calme et serein, dans les joies et la paix du Seigneur, en ces moments suprêmes qui l'approchent de la félicité éternelle.

Levant alors les yeux vers l'image du divin Crucifié, suspendue auprès de lui, il prononce distinctement ces douces paroles : « Seigneur Jésus, mon Sauveur et mon Dieu , j'ai toujours espéré en vous, que les légions infernales se retirent confuses dans le lieu de leurs tourments, et que mon âme repose en paix auprès de vous. » Aussitôt il inclina doucement la tête et rendit sa belle âme à Dieu en 1126, la soixante-onzième de son âge, et la vingt-deuxième de son épiscopat. Il sortit alors de son corps des rayons de vive lumière comme d'un foyer mystérieux et une odeur suave qui embauma la pièce où reposait cette sainte dépouille. On entendit en même temps les anges de Dieu chanter des alleluia et son entrée glorieuse dans la cité des saints. Il est dit, en effet, dans saint Paul aux Hébreux, que tous les anges sont des esprits qui tiennent lieu de serviteurs et de ministres, étant envoyés pour exercer leur ministère en faveur de ceux qui doivent être les héritiers du salut. *Nonne omnes sunt administratorii spiritus, in ministerium missi propter eos qui hæreditatem captent salutis* (Heb., 1. 14) ?

Toute l'assistance formée de prêtres et de fidèles, profondément impressionnés de cette touchante scène, versaient des larmes d'attendrissement, et du fond de leur âme s'échappait cette tendre exclamation : O notre père, gloire de votre peuple et notre joie; souvenez-vous de nous dans nos luttes et nos dangers; que votre protection nous accompagne toujours jusqu'au moment où nous serons réunis à vous pour louer ensemble le Dieu de miséricorde qui vous a sauvé. Bientôt le bruit de sa mort s'étant répandu dans tout le pays, on accourut de tous les points vers lui pour prier auprès de sa dépouille vénérée, et lui donner tous les témoignages de respect dûs à sa sainteté. On se disputa ses habits et les linges qui avaient servi à son usage ; chacun voulait en posséder un fragment comme relique et gage de la protection qu'il attendait de l'ardente charité de notre saint. L'apôtre saint Paul regardait la mort comme un profit réel qui doit procurer à l'âme fidèle des délices incomparables après les combats de la vie.

Saint Raymond aussi ne tenait à la terre que par nécessité; il souhaitait la dissolution de son corps pour être entièrement uni à Jésus-Christ. Il avait plusieurs fois désiré le martyre durant ses persécutions et son ministère parmi les Sarrasins; mais le Dieu de toute justice se contenta de ses longs combats et des bons désirs qu'il avait d'arriver à l'effusion de son sang pour lui témoigner hautement son amour. Comme gage de son entière satisfaction, le divin Maître dut imprimer dans son âme quelques-uns des caractères de ces héros chrétiens qui ont le plus souffert dans les tribulations de la vie, et l'honorer dans le ciel d'une gloire supérieure à celle des simples confesseurs de la foi catholique. Le vrai chrétien trouve en Dieu une consolation solide dans tous les évènements de la vie ; il met en lui sa confiance, ne voit en tout que l'accomplissement de sa divine volonté à laquelle il s'abandonne sans crainte d'être confondu.

CHAPITRE XVIII

Ses obsèques.

Le corps de saint Raymond, revêtu des ornements pontificaux, reçut tour à tour les honneurs dûs à son caractère, de la part du clergé et des fidèles de Huesca. Bientôt après, il fut transporté, comme une précieuse relique, dans la cathédrale de

Roda, suivi d'un cortège de simple apparat. Durant le parcours, le clergé et les fidèles des paroisses qu'il traversait venaient à sa rencontre pour lui rendre les honneurs et l'accompagner jusqu'aux limites, où ils étaient remplacés par une nouvelle suite formée des pays voisins. Dès que le convoi funèbre fut en vue de Roda, le son des cloches annonce son arrivée, et la population entière, toute sur pieds, se rend en cortége, à sa rencontre, dans un deuil général qui témoigne de tous les regrets et de la grande perte que le diocèse vient de faire en sa personne. L'évêque officiant, suivi d'un nombreux clergé accouru de tous les points, fait solennellement la levée du corps, à la porte de la ville, et tout le peuple rangé en procession accompagne lentement la sainte dépouille à la cathédrale, où doivent s'accomplir l'office et les cérémonies funèbres. Les ministres du sanctuaire chantent gravement les saintes prières de la liturgie auxquelles se mêlaient souvent les larmes et les sanglots de la foule. Arrivé à l'église, le corps du bienheureux pontife est placé sur une couche de parade où il reçoit tour à tour les derniers honneurs du clergé et des fidèles, jusqu'au moment où il est descendu dans un modeste caveau qui lui a été provisoirement destiné. Durant plusieurs jours que reste exposée la sainte dépouille à la vénération du peuple, il y eut grande affluence à l'église, de pieuses et saintes manifestations d'amour et de regrets qui témoignaient de la foi bien établie qu'on avait en sa sainteté. On le priait dévotement, on baisait avec respect ses pieds, ses mains, ses habits, et on présentait à l'attouchement de son corps des linges et autres objets qu'on devait garder dans les familles, comme de précieuses reliques et un gage de bénédictions pour tous. A chaque instant on entendait partir de tous les cœurs de ferventes prières, des exclamations d'amour et de regrets qui dépeignaient la douleur profonde causée par cette perte et la confiance que l'on avait en sa sainte protection. O modèle des pontifes et des pasteurs, lui disait-on, lumière des âmes, gloire de ton peuple, décor de la religion, rédempteur des captifs, extirpateur des hérésies, temple des délices de Notre-Seigneur sur la terre, priez pour nous, et attirez-nous vers vous pour célébrer ensemble les gloires et les miséricordes de notre Dieu.

Le pauvre pleurait en lui un père tendre, un ami dévoué; le riche, un sage conseiller, un exemple vivant de désintéressement et de sacrifice. Le clergé avait perdu un modèle, une lumière, et le portrait vrai du prêtre et de l'évêque, selon l'esprit et le cœur de Jésus-Christ; il le pleurait aussi parce qu'il devait regretter ses bienfaits, sachant bien qu'il serait difficile de le remplacer. Notre saint est maintenant descendu dans sa nouvelle demeure et lieu de son repos, où il s'opèrera bientôt un certain travail qui attirera à l'extérieur toutes les attentions vers lui. Il reste encore dans ce corps inerte des vertus réelles, comme un feu latent qui va briller d'un grand éclat, et attirera des masses qui viendront profiter des bienfaits extraordinaires que Dieu opèrera par lui en leur faveur.

Selon saint Basile, chaque saint est un Dieu, non par la perfection de sa nature, mais par le bénéfice de sa divine grâce et des merveilles que Dieu produit en eux pour les honorer et reconnaître leur sainteté sur la terre comme au ciel. Leur âme est, en effet, le chef-d'œuvre de la divinité, elle a été choisie pour occuper un corps qui a fidèlement servi son Maître et est devenu un éternel objet de ses pures complaisances et de son amour. Les afflictions et les souffrances, l'immolation et le portement de la croix sont les véritables chemins de la perfection et du salut. Cette voie, qui est celle du Calvaire et du vrai bonheur, nous a été tracée par le divin Sauveur lui-même ; c'est par elle que tous les saints sont passés, et nous ne devons espérer entrer dans la gloire qu'après avoir constamment marché sur leurs traces. Pleins d'une ferme confiance en la douce protection de nos saints, ils ne resteront point insensibles à nos prières, à notre vénération et à notre amour; ils présenteront à Dieu nos soupirs, nos supplications et nos besoins pour en faire descendre la rosée de la grâce et les plus abondantes bénédictions. Pour nous, enfants du Couserans, du pays de Foix et de Pamiers, nous avons notre saint Raymond pour père, protecteur et ami, il s'est en partie sanctifié sur nos terres dans la pratique des plus héroïques vertus, il ne permettra pas qu'en l'invoquant nous ayons le malheur de rendre inutiles tant de travaux et de peines qui sont du domaine de notre condition, mais il intercédera pour nous, afin qu'ils deviennent méritoires et fructueux pour la vie éternelle.

CHAPITRE XIX

Ses Miracles.

Le miracle est l'œuvre première de la toute-puissance divine, contre le cours ordinaire de la législation établie par elle dans l'ordre physique et moral qui nous régit.

Dans les faits surnaturels qui ressortent de la sainteté de ses membres, Dieu, en vertu d'un pouvoir qui lui est propre et personnel, est toujours la cause efficiente de ces événements qui surprennent notre intelligence et notre raison. Sa créature n'est jamais que l'instrument de ces grands bienfaits dont il se plaît quelquefois à l'honorer visiblement pour manifester et autoriser la vérité de sa sainteté. Les miracles sont d'autant plus grands qu'ils s'éloignent du pouvoir de l'esprit humain dans l'accomplissement d'un fait qui semblait ne devoir point arriver. Saint Raymond est mort dans la grâce et l'amour parfait de son Dieu ; une vertu de force et de puissance sort de lui, et invite toutes les infirmités à venir, auprès de sa sainte dépouille, le prier pour profiter de ces avantages divins dont il est honoré.

Le public est, en effet, bientôt rempli des merveilles qui s'opèrent journellement à son tombeau dans la cathédrale de Roda. Le roi lui-même en est instruit, et dans sa joie, il veut s'associer à son peuple pour rendre à saint Raymond des honneurs dignes de sa mémoire, et réparer une fois de plus les torts dont il s'était rendu coupable envers lui de son vivant. Un splendide mausolée est bientôt élevé à ses frais, avec des reliefs remarquables qui retracent les principaux traits de sa vie épiscopale dans les grandes actions de son ministère. Les précieux restes de saint Raymond sont solennellement placés en cette nouvelle demeure ; les évêques de la province assistent à cette belle cérémonie en présence du souverain qui leur fait une confession publique, et restitue en bonne forme à Pierre, nouvel évêque de Barbastre, les droits et priviléges dont il avait injustement dépouillé son illustre prédécesseur. Cette conduite plut à ses sujets, et dès lors les affections de tous l'accompagnèrent toujours jusqu'au moment où il mourut en combattant les Maures pour l'honneur de la patrie en 1134. Ce lieu devint également célèbre par le grand nombre de pèlerinages qui arrivaient de tous les points de l'Ibérie, et par les grâces extraordinaires que la foi, la dévotion et la prière obtenaient par l'intercession de notre bienheureux.

Les documents authentiques de sa cause affirment que, dans ce pieux rendez-vous de la foi chrétienne et théâtre de manifestations religieuses, les malades guérissaient, les boîteux se redressaient, les muets recouvraient la parole, les aveugles la vue, les sourds l'ouïe, les opprimés les bonnes grâces, les possédés le calme et la sérénité. Quelque temps après la mort de ce grand saint, une dame de Roda, dont la fille était atteinte d'un mal incurable, pleine de confiance en la protection du saint pontife, transporte elle-même son enfant au tombeau de Raymond, l'exhorte à ranimer sa foi, et à unir ses prières aux siennes, et bientôt après la vertu du puissant évêque se répand dans ses membres comme un baume salutaire, et la maladie fait place à une santé parfaite. Deux soldats de Castille, retenus en prison par les Maures, ne pouvaient trouver les moyens de se faire délivrer, lorsque, entendant parler des miracles de notre saint, ils lui adressèrent de ferventes prières, et bientôt après leurs liens se rompent, et les portes de la prison s'ouvrent d'elles-mêmes pour leur donner la liberté.

Les deux protégés de saint Raymond se rendirent incontinent auprès de son tombeau pour lui rendre grâce et lui faire hommage des chaînes dont ils avaient été délivrés. Un père de famille avait un fils sourd-muet de naissance; poussé par une foi ardente, il reste tout une nuit avec lui en prière devant la sainte relique de Raymond; ses supplications furent agréées et il eut la consolation de voir sa persévérance récompensée par l'entière guérison de cet enfant tendrement aimé. Tous les deux s'en retournèrent en louant Dieu, comme les croyants de l'Evangile, de ce qu'il avait donné un tel pouvoir aux hommes. Les témoins de toutes ces merveilles étaient si vivement impressionnés, qu'ils semblaient négliger les honneurs dûs à la Divinité pour les rapporter à saint Raymond, en reconnaissance des bienfaits signalés et sans nombre, dont ces pays privilégiés étaient continuellement l'objet de sa part.

Bientôt toute l'Espagne fut remplie des prodiges de ce nouveau thaumaturge, et son culte se développa promptement dans tous les diocèses par un déploiement de pompe et de piété extraordinaire que l'on remarquait dans les sanctuaires qui lui étaient dédiés.

A la vue des bienfaits que le Seigneur répand sur la terre en la personne des habitants des cieux, portons-leur une sainte envie, regardons-nous comme des malheureux de nous attacher si fortement à cette misérable vie de faiblesses, de prévarications et de dangers. David, colonne de force dans les opérations divines, y tomba dans l'adultère; Salomon, rempli de sagesse et de zèle pour les intérêts religieux, s'adonna à l'idolâtrie, Judas l'apôtre y commit le crime horrible de la perfidie et du désespoir qui l'accompagna à la terre. Les cèdres du Liban ont courbé le front devant la violence de la tempête, beaucoup de confesseurs de la foi, sur le point de remporter la palme de la victoire, ont cédé à la force de la passion et ont à tout jamais glissé sur la pente du vice et de la damnation éternelle.

Dans ce monde corrompu qui n'aime pas le Seigneur et qui l'outrage continuellement, disons avec le roi-prophète : Que ma demeure ici-bas est prolongée, mon âme ressent une vive douleur de se voir retenue parmi les habitants de Cédar. Ici nous ne voyons Dieu que par la foi, dans ses œuvres, dans ses miséricordes et ses mystères ; notre amour sera toujours insatiable et inquiet jusqu'à ce qu'il le voie en lui-même, et qu'il jouisse éternellement de lui avec les bienheureux qu'il comble de bonheur et de gloire dans son Paradis. Que de notre cœur partent continuellement des soupirs et des hymnes de componction, afin qu'enflammés du désir ardent d'aller à Dieu, il ne vive plus que pour lui, dans les étreintes du pur amour, et le détachement le plus absolu des biens terrestres qui pourraient nous séparer de lui, et nous priver de cette gloire réelle que nous attendons en récompense des bonnes œuvres que nous aurons opérées.

CHAPITRE XX

Sa Canonisation.

Cette opération ecclésiastique est une solennelle déclaration du Pape par laquelle Sa Sainteté, après un long examen et plusieurs formalités, met au nombre des saints une personne qui a mené une vie pure et exemplaire, accompagnée de miracles qui ont confirmé sa sainteté. Dès les premiers siècles, la canonisation ou l'insertion dans les Canons sacrés n'était qu'un ordre du pape ou de l'évêque par lequel il était statué que les noms de ceux qui s'étaient distingués par une piété et une vertu extraordinaire auraient leur place dans la liturgie. Par suite un office particulier fut marqué pour les prier et les invoquer ; on bâtit des églises et des oratoires en leur honneur avec des autels où reposaient des fragments de leur corps, sur lesquels on offrait le saint sacrifice de la messe. On faisait des processions où l'image des nouveaux saints était portée, on établit l'anniversaire de leur mort qui fut fêtée avec grande pompe, et afin de rendre la cérémonie de la canonisation plus solennelle, le pape Honorius III y joignit plusieurs indulgences. Les évêques conservèrent jusqu'au temps d'Alexandre III, élu pape en 1150, le droit de faire des béatifications dans leur diocèse; le culte qui était rendu à ces saints dans le lieu de leur juridiction ne devenait commun que quand il avait été approuvé par l'Eglise romaine.

Aujourd'hui le droit de canoniser est exclusivement réservé au Saint-Siège, depuis plusieurs siècles; c'est maintenant une coutume qui a passé en loi. Il n'y a point de saint sur la terre et dans les cieux qui ne soit redevable de ses hautes vertus et de sa sainteté à l'infinie miséricorde de son Dieu. Toute grâce, tout don parfait, dit l'apôtre saint Jacques, descend d'en haut, du Père des lumières qui reste éternellement puissant et immuable dans ses merveilleuses opérations : *Omne datum optimum et omne donum perfectum desursum, descendens a patre luminum* (c. I, v. 17).

La sainteté est un grand don de Dieu, elle a son essence en lui, Jésus-Christ étant son propre fils et devant être la cause de notre justification, étant la plénitude de la grâce et de la sainteté; voilà pourquoi son tombeau fut glorieux, selon l'expression du prophète Isaïe; les miracles du plus grand ordre s'y opèrent par la puissance de sa divinité, pour confondre la malice et l'incrédulité des Juifs qui l'avaient crucifié. Le tombeau de saint Raymond fut aussi bien illustre, dans un ordre différent, par la vertu et la force de ce même Dieu qui a donné sa vie pour le salut de tous. On verra, pendant les douze années qui suivirent cette précieuse mort du saint pontife, des miracles éclatants marquer visiblement le triomphe que la sainteté remporte sur les souffrances et la mort des combattants de Jésus-Christ. C'est un gage assuré de cette résurrection glorieuse qui doit un jour donner à ses membres inertes et flétris le mouvement et la vie qu'ils ont pour un moment perdus, pour les reprendre à jamais dans l'éternité. Dieu veut des miracles de diverses forces, dans l'ordre physique et moral ; ils sont de loin en loin nécessaires pour raviver la foi et accroître l'amour divin dans les esprits et les cœurs. Ces manifestations surnaturelles en la personne des serviteurs de Jésus-Christ sont une preuve irréfragable de la sainteté, la canonisation vraie du ciel qui pousse l'Eglise à opérer la sienne, en les honorant d'un culte spécial sur la terre.

Par vénération et amour, bien des pays ont pris des noms de saints pour en être protégés; à notre baptême, nous avons reçu le nom d'un saint pour patron ; il nous assiste dans nos besoins et nous défend contre l'ennemi de tout bien au moment du danger. Nous conservons leurs corps, honorablement enchâssés, comme des gages précieux de bénédiction et de grâces, comme des tabernacles de leur cœur, de leur âme et de leur esprit; aux jours de leur fête et en certains temps calamiteux, nous les plaçons sur nos autels pour les honorer et les prier; nous les portons triomphalement dans les rues et les places publiques pour reconnaître leur sainteté et demander leur crédit en faveur de nos pressantes nécessités.

Nous possédons des restes de nos saints dans nos maisons comme une sauvegarde dans les malheurs qui peuvent nous arriver, et un présage des bienfaits célestes que Dieu répand sur les familles qui ont le respect, la vénération et l'amour de ses saints. Bientôt nous voyons les fléaux cesser, les jours se rasséréner, nos inquiétudes et nos anxiétés calmées, nos joies reparaître et nos affaires prospérer ; c'est la récompense et le prix de notre zèle à les honorer de notre confiance dans les bienfaits que nous attendons d'eux. Saint Raymond, de même, est revêtu de la force et de la vertu du Très-Haut ; il possède un culte vrai et établi sur les preuves manifestes d'une vie continuelle de sacrifices, de mérites et de sainteté.

L'autorité ecclésiastique de Barbastre a fidèlement consigné, dans ses diptyques sacrés, tous les faits et gestes de l'ordre surnaturel qui ont illustré sa personne après sa mort. Elle les a fait ressortir sans ambiguïté lors de sa canonisation qui eut lieu en 1138, sous le pontificat d'Innocent II, douze ans après sa douce naissance au ciel, après les examens les plus minutieux des preuves qui militaient en faveur de sa cause.

En cette mémorable circonstance, il fut rendu gloire à sa sainteté officiellement prouvée et reconnue, tout le diocèse de Barbastre reconnaissant célèbre des fêtes pompeuses en l'honneur de son bienheureux pontife, dont il ressent tous les jours la protection et les bienfaits. Notre église diocésaine et celle de Toulouse prirent aussi leur part de gloire à cet heureux évènement, en rendant tous les ans à saint Raymond un culte spécial le jour de sa fête qui fut fixée au 21 juin.

Le chapitre de Saint-Sernin reçut plus tard de celui de Roda des ossements de notre saint; ils furent placés dans la chapelle qui porte son nom avec une inscription qui le distingue de celui qui fut après lui chanoine régulier de cette abbaye. Les enfants de la catholique Espagne aiment particulièrement les solennités religieuses; leurs églises, en pareille occasion, sont richement ornées de parures d'or et d'argent, expression vive et témoignage éclatant de la foi et de l'amour dont ils sont pénétrés envers les saints qui ont relevé leur pays. A l'extérieur, les rues et les places publiques sont jonchées de plantes odoriférantes et de fleurs, les façades des maisons et des monuments sont pavoisées de riches étoffes et de lingerie recherchée; la nuit, de brillantes illuminations ramènent la clarté du jour, et attirent une foule de spectateurs qui admirent tout ce que l'art et le génie humain produisent de grand pour reconnaître sa bonté et ses merveilleuses opérations. Ces douces fêtes, présidées par l'idée religieuse, semblaient rendre sensible la présence de saint Raymond, de ce zélé pontife qui parcourut l'Aragon en apôtre pour y conquérir des âmes à Jésus-Christ, et dont la mémoire y reste éternellement bénie de génération en génération. Comme il nous a été doux, en novembre dernier, de baiser amoureusement le bras droit de saint Raymond à Barbastre, où il se trouve revêtu d'une manche d'argent, de prier devant cette sainte relique et celle de son crâne renfermé dans un buste épiscopal de même matière! Les fidèles de ces pays sont enthousiastes pour ce grand saint; dans le feu actuel de leur zèle et de leur amour, il semble que ces ferventes dispositions ne s'éteindront jamais, tant la piété chrétienne paraît nécessaire au sentiment religieux qui l'anime.

Il est parfois des temps malheureux pour la religion où des évènements fortuits ou prévus interrompent ces doux élans de foi ardente et de sainte folie de dévotion, mais bientôt le Ciel inspira à son Eglise des moyens propres à stimuler les courages et à faire revivre les beaux jours où nos saints voyaient leur culte en pleine floraison parmi leurs clients dévoués. Ainsi, en 1143, Gaufride, un des successeurs de notre saint au siège de Barbastre, donne une nouvelle impulsion à ce mouvement religieux par des honneurs spéciaux qui devaient lui imprimer un nouveau caractère de stabilité. A cette fin les évêques de Huesca, de Pampelune et de Noxare furent invités à prendre part à la translation solennelle du corps de saint Raymond dans le maître-autel de la cathédrale de Roda. En cette mémorable circonstance, toute la ville était sur pieds, les maisons étaient pavoisées, les rues jonchées de fleurs et de feuillages, l'église était parée comme aux plus beaux jours, l'air est embaumé de parfums, les prêtres portent la sainte dépouille dans une riche châsse, les pontifes et les fidèles l'accompagnent et les chœurs des chantres font entendre des hymnes et des harmonies sacrées. Le Ciel tout en réjouissance sourit à la terre, de nouveaux miracles se produisent, et les esprits qui prennent part à ces saintes démonstrations croient déjà goûter les célestes délices de la vie glorieuse.

CHAPITRE XXI

La Translation

Les premiers germes d'impiété que les erreurs nouvelles jetèrent bientôt après dans le sein de la société moderne, ralentirent dans la suite cette chaleur de dévotion dont les esprits étaient vivement pénétrés à l'égard de nos saints. Les nombreuses affluences et les riches offrandes qui ornaient leurs sanctuaires et leurs autels avaient sensiblement diminué, et la religion perdait en peu de temps d'immenses trésors de grâces et de bénédictions qu'elle avait acquis dans les jours de prospérité et de paix.

Cependant un certain retour des gloires de saint Raymond semble se montrer dans un avenir peu lointain; les fidèles de Barbastre se sentent trop éloignés de sa sainte relique qui est encore la propriété exclusive de l'église de Roda. L'autorite spirituelle, toujours animée de l'esprit de zèle et d'ardeur pour le culte de nos saints, ne recule jamais devant aucun sacrifice pour leur rendre des honneurs nouveaux et raffermir le sentiment religieux dans le cœur de ses enfants. L'église de Barbastre, depuis longtemps privée de son saint évêque, désirait ardemment posséder une partie de sa dépouille sacrée, en mémoire des bienfaits sans nombre de cet apôtre qui fut longtemps la cause de sa prospérité et de sa gloire. Cependant, en l'année 1589, l'évêque et le clergé de cette ville obtinrent, à l'aide du légat du Saint-Siège et de Philippe II, roi d'Espagne, du chapitre de Roda, une partie insigne de ce corps vénéré qui reste toujours dans un état de parfaite conservation. Les diverses formalités à remplir retardèrent à l'année 1595 la cérémonie solennelle de la prise de possession, les réjouissances et les fêtes qui devaient avoir lieu, lors de la translation de la sainte relique à la cathédrale de Basbastre. Aux nones d'avril de cette même année, le vicaire général de Lérida, délégué en cette circonstance par le légat du Souverain Pontife, détacha de ce tronc odoriférant le crâne et le bras droit de notre saint, en présence du chapitre de cette église et des personnes marquantes qui assistaient à cette religieuse opération. Ce précieux membre du saint pontife, qui s'était si souvent élevé sur ses fidèles pour les bénir et faire sentir profondément la vérité de sa doctrine par le geste et l'onction de sa parole pénétrante et convaincue, devint l'héritage de sa ville épiscopale. Les prêtres portèrent ce don sacré avec grand apparat de pompe durant trois jours jusqu'aux portes de Barbastre, où il fut triomphalement reçu avec les sentiments de la plus tendre piété.

Arrivé à cette première destination, une pluie abondante de bénédiction tomba alors sur ces terres desséchées, qui obligea le cortége à placer la sainte relique dans une église rapprochée.

Deux jours après, le chapitre de Barbastre, le clergé des deux ordres, le gouverneur de Celtibérie avec sa troupe, les magistrats, les confréries, l'évêque du lieu et un prélat arménien qui accompagnait le commissaire apostolique, s'avancèrent processionnellement de la cathédrale, vers l'entrée du pont Saint-François pour y faire la levée. En ce moment l'évêque arménien et les plus dignes du clergé reçurent la sainte châsse entre leurs mains, la portèrent à l'entrée de la ville où les chanoines, précédés de leur propre pontife, la prirent respectueusement et s'acheminèrent vers l'église cathédrale dans les chants de réjouissance et des plus douces démonstrations de la joie publique. L'évêque de Barbastre alors célébra solennellement l'office divin, et durant huit jours que les saintes reliques de saint Raymond furent exposées à la vénération des fidèles, ce furent des fêtes et des spectacles religieux qui se perpétuent tous les ans encore, à pareille époque, en l'honneur de ce grand protecteur que nous avons dans les cieux. Dès ce moment, la ville et le diocèse tout entier le prirent pour patron; depuis, une plus grande dévotion envers ce saint ne s'est jamais démentie , chez ces populations à la foi ardente et vive. Le grand pontife Grégoire XVI, de douce mémoire, accorda à l'évêque de Barbastre et au clergé des deux ordres une messe et un office propre, en l'honneur de la translation des restes sacrés du bienheureux Raymond, dont la fête est fixée au dix avril de chaque année, dans le calendrier diocésain. La translation des saintes reliques est chose assez rare dans la vie, un instant il semble que nos saints ouvrent de nouveau leurs yeux à la lumière pour les refermer bientôt au lieu où ils vont être replacés, en attendant le grand réveil du jour des récompenses et des châtiments. Néanmoins ils ont toujours une vie nouvelle sur la terre; elle nous déroule de magnifiques tableaux dans des solennités remarquables, dans des miracles et des bénédictions qui nous encouragent à aimer et à honorer toujours ces restes précieux des vrais serviteurs de Jésus-Christ.

Ce n'était pas encore assez pour le diocèse de Barbastre d'avoir tous les ans à glorifier saint Raymond dans les formes accoutumées, depuis l'entrée de ses reliques en sa ville épiscopale. Il fallut, pour satisfaire la vraie piété de ses clients dévoués, des prières nouvelles qui s'adressassent plus particulièrement au saint pontife, dans des manifestations religieuses plus appropriées, tandis que ses mérites et ses vertus y étaient fidèlement préconisés. En l'année 1842, le même pontife, Grégoire XVI, approuva avec bienveillance la messe et l'office propre nouvellement rédigé par l'autorité ecclésiastique pour le jour de sa fête patronale qui se célèbre tous les ans en ce diocèse avec grand apparat de pompe, le 21 de juin, selon les coutumes religieuses de la ferveur des peuples de ces pays. C'est ainsi que le Tout-Puissant glorifie ses fidèles serviteurs et amis par des honneurs mérités, des témoignages de confiance, de vénération et d'amour qui partent du cœur de leurs frères de la terre et dont la gloire finale revient proprement à l'Auteur des dons et des grâces qui les ont sanctifiés. Aujourd'hui, dans le Ciel, comme autrefois lorsqu'ils combattaient dans les arènes de la vie, sa bonté divine, cet amour de complaisance et sa tendresse infinie planent toujours sur eux, et les doux effets en rejaillissent sur nous, dans nos nombreux besoins, par les soins et les supplications des bienheureux enfants du Paradis. Appliquons-nous sans cesse à nous rendre dignes de ces précieux avantages, afin qu'après avoir fidèlement servi le même Dieu sur la terre, nous le glorifiions éternellement avec eux au séjour de la félicité réelle.

CHAPITRE XXII

Sa sainte protection

Le nom du Seigneur, a dit le roi-prophète, est admirable dans l'incalculable multitude des habitants des cieux que le disciple vierge de son œil pénétrant et pur ne put qu'imparfaitement distinguer. Revêtus d'un caractère de puissance divine, les saints forment sa brillante cour de gloire, son immortelle couronne, sa vraie félicité. Jésus-Christ, est-il dit, se les associe pour gouverner les nations, et à la fin des siècles, après que la trompette éclatante aura répandu ses sons dans l'univers, ils les jugeront de même avec lui.

L'apôtre saint Paul exprime hautement sa satisfaction aux Ephésiens de leur foi vive, de la vénération et de l'amour qu'ils professent à l'égard des saints ; il en bénit le saint Nom de Dieu, et prie toujours qu'il éclaire les yeux de leur cœur pour qu'ils espèrent sans cesse les richesses et la gloire qu'il leur prépare en récompense dans une vie meilleure. Dans ce temps de funeste décadence où les esprits se précipitent à toute vitesse sur la pente rapide de l'indifférence et de la matière, le culte des saints est une grande nécessité qui s'impose, un besoin réel de l'âme chrétienne pour alimenter sa foi et obtenir de célestes bienfaits contre ce torrent impétueux qui menace de tout envahir. Travailler à son développement par de nombreuses pratiques religieuses et l'exercice d'un certain apostolat de zèle et de charité parmi nos frères, sera un devoir sacré pour nous, que Dieu bénira par de nombreuses grâces qu'il nous accordera par la bienveillante intercession de l'âme de nos saints.

La mémoire du bienheureux Raymond

est toujours vivante et vénérée à Durban et parmi nous ; son culte, bien établi, est une abondante source de bénédictions pour ses croyants dévoués, et les progrès d'extension qu'il fait tous les jours encore justifient des travaux de zèle entrepris pour amener ces saints résultats.

Pourrait-il en être autrement, lorsque nous savons que ce grand saint nous aime dans le ciel, qu'il prie pour le salut de nos âmes, qu'il nous bénit pour avoir plus de courage dans le parcours de notre carrière, et pour vaincre plus facilement les ennemis de la vertu et de notre bonheur? Dès sa jeunesse il se fit remarquer par un amour tendre envers les manants nos ancêtres, pour lesquels il obtenait souvent de son père des adoucissements dans les redevances et les corvées. Plus tard, au sortir des études, il est formé au maniement des armes, et, devenu habile en cette partie, il reçoit le commandement et la direction des troupes, qu'il exerce de même, au Camp-Batailler, pour défendre ses sujets contre les incursions des bandits, et fournir, au besoin, son contingent militaire au suzerain et aux seigneurs alliés, pour réfréner les ennemis de la féodalité. En d'autres temps, plus glorieux encore, alors qu'il est revêtu des livrées sacerdotales, il prêche la vérité divine à ces mêmes populations qu'il connaît, parcourant les villages et les hameaux en missionnaire, pour leur éviter souvent la peine de se rendre aux églises qui n'étaient pas toujours rapprochées. Les anciens, dans leur profonde vénération pour la sainteté, gardent précieusement sur la naissance, la vie militaire et épiscopale de saint Raymond les pures traditions de leurs aïeux, et les transmettent fidèlement à leurs enfants pour les faire vivre et respecter dans toutes les générations.

Bien des siècles se sont déjà écoulés depuis qu'il passa comme le divin Maître, en faisant le bien aux âmes par les saintes industries du zèle et de la charité, et néanmoins quand on voit les imposantes ruines de son château, les terres qui lui ont appartenu, l'esprit se le représente dans les diverses opérations des charges qu'il a occupées dans la maison de son père, avant d'être promu au sacerdoce et à l'épiscopat. On aime visiter souvent ces lieux écartés, ces pans de murs qui se tiennent fièrement encore debout, ces monceaux de décombres, d'où semble quelquefois sortir la voix des maîtres de jadis, cette église mutilée où notre saint avait édifié ses sujets par sa tendre piété et son zèle à orner cette maison de Dieu. Nous avons la confiance de voir un jour cet antique sanctuaire relevé de son état de ruines, de nouveau rendu au culte et enrichi d'une précieuse relique de notre saint, en souvenir de sa naissance, de ses vertus, de ses bienfaits et de sa sainteté. Ce riche trésor de bénédictions et de grâces, objet tout particulier de nos désirs et de notre amour le plus affectueux, nous a été promis à Barbastre même, et nous sera donné sitôt que nous aurons rempli les formalités qui nous ont été prescrites. La solitude et la vétusté impriment à ces restes féodaux un cachet de tristesse qui pénètre l'âme et élève pieusement la pensée vers ces temps anciens qui y ont vu la célébration des mystères divins.

En l'année 1854, de douloureuse mémoire, le choléra sévissait avec force dans l'antique baronnie de saint Raymond et y répandait la désolation par le grand nombre de victimes que l'on enregistrait tous les jours. Bientôt, sur l'initiative du zélé pasteur de la paroisse, un pieux pèlerinage, dirigé par l'esprit de pénitence et d'expiation, se prépare à son œuvre et, à la pointe du jour, les fidèles avertis par le son des cloches se rendent à leur appel pour former les rangs. Après quelques instants de prière à l'église, une grave procession s'ouvre dans les rues du village, la croix en tête et les bannières déployées, fait péniblement l'ascension de la colline, en implorant, dans le chant sacré des litanies, la douce protection de nos saints.

Peu après, on arrive au vieux château et le saint sacrifice est offert dans l'antique chapelle, sur un modeste autel improvisé, devant une assistance pieusement impressionnée et recueillie, qui demandait au Seigneur, par saint Raymond, la cessation du fléau, un adoucissement aux amertumes dont les cœurs étaient en ce moment abreuvés. Dans quelques instants, la douce protection de notre saint se fait vivement sentir dans les âmes par d'inexprimables consolations intérieures, qui donnent un nouveau courage à chacun des assistants, une plus vive confiance et la certitude de voir bientôt tous les vœux réalisés.

Le ciel parut visiblement touché de ces pieuses et saintes démonstrations de foi chrétienne, des larmes et des sanglots dont ces lieux, depuis des siècles solitaires, furent, en cette circonstance, les témoins édifiés. Il est à remarquer qu'à partir de ce jour béni, dont nos populations garderont à tout jamais la mémoire, le nombre des victimes diminua sensiblement dans tout le pays, et bientôt on vit les opérations domestiques et les négociations extérieures reprendre leur cours ordinaire, sous l'impression heureuse des bienfaits de saint Raymond. Les saints pères de l'Eglise, les conciles et les docteurs ont, dans leurs écrits, des passages remarquables sur le mode d'assister aux supplications publiques dans les temps malheureux, où nous avons un pressant besoin des secours divins et de la miséricorde du Seigneur que nous implorons par la sainte invocation de tous les saints. Selon l'expression de tous, la prière, l'esprit de pénitence et la componction du cœur doivent être l'aliment essentiel des processions et des pèlerinages où l'on cherche à calmer la colère divine et à mériter le pardon. Dans son épître catholique, l'apôtre saint Jacques, parlant aux fidèles, sous l'inspiration divine, assure que la prière fervente et assidue de l'âme contrite a beaucoup d'efficacité et de valeur auprès de Dieu : *Multum enim valet deprecatio justi assidua* (Jacob, V, 16).

Dans notre condition de dépendance et d'infériorité, nous sommes toujours dans le besoin; voilà pourquoi il est dit, dans saint Luc, 18 et 1, qu'il faut toujours prier et ne jamais discontinuer, précepte qu'on accomplit en élevant son âme vers Dieu pour reconnaître sa souveraine puissance, adorer ses perfections infinies, lui exposer nos besoins, lui demander son secours et lui rendre grâce de sa miséricorde et de ses bienfaits. La prière doit être humble, confiante, persévérante, animée par la foi et la ferveur. En cette sainte action, nous devons principalement demander à Dieu de faire sa sainte volonté, d'opérer notre salut par sa sainte et divine grâce, en un mot, chercher avant tout le royaume de Dieu et sa justice, et tout le reste nous sera donné en sus. (Mat., 6, 33.)

Seigneur, qui justifiez l'impie et ne désirez point la mort du pécheur, nous supplions très humblement votre divine majesté de protéger, par une assistance continuelle de votre grâce, ceux qui mettent toute leur confiance en votre miséricorde, afin qu'en vous servant sans relâche, ils ne soient jamais séparés de vous par aucun péché. Et vous, bienheureux saint Raymond, qui avez si bien prié durant votre vie, qui avez toujours fait la sainte volonté de Dieu, dans le calme, dans les épreuves et les persécutions, donnez-nous votre esprit pour bien comprendre nos obligations, accomplir fidèlement nos devoirs et être, comme vous, les amis de Dieu et le tabernacle vivant de sa grâce; du haut du ciel où vous régnez maintenant avec Lui, glorieux et triomphant, veillez toujours sur vos enfants, éclairez-les de vos lumières, soutenez-les dans les épreuves, donnez-leur la victoire dans les combats incessants de la vie. Que votre charité se répande en nous pour nous faire opérer saintement les œuvres de justice parmi nos frères et les embaumer continuellement de la bonne odeur de Jésus-Christ. Procurez au monde agité une paix durable, ranimez la ferveur dans les cœurs pour qu'ils brûlent d'amour pour Dieu, ramenez les âmes égarées dans le giron de la sainte Eglise pour ne plus former qu'un seul troupeau, dans les champs de la vérité, sous l'autorité du pasteur divin et celle de son vicaire sur la terre.

Ainsi soit-il.

OFFICE DE S[T] RAYMOND

ACCORDÉ PAR LE SAINT-SIÈGE

Au Diocèse de Barbastre en 1845

IN FESTO

TRANSLATIONIS RELIQUIARUM S. RAYMUNDI

EPISCOPI CONFESSORIS, CIVITATIS,

ET DIŒCESIS BARBASTRENS., PATRONI

Duplex Majus

DIE X APRILIS

Omnia de Communi Confessorum Pontificum præter ea, quæ hic propria adnotantur.

IN PRIMIS VESPERIS.

Antiph. Ecce Sacerdos... *ut in Communi.*

Psalm. Dixit Dominus... *cum reliquis de Dominica, et loco ult.*

Psalm. Laudate Dominum omnes gentes.

Capitulum. *Rom.* 8. 11.

Quod si Spiritus ejus, qui suscitavit Jesum a mortuis, habitat in vobis : qui suscitavit Jesum Christum a mortuis, vivificabit et mortalia corpora vestra ; propter inhabitantem Spiritum ejus in vobis.

HYMNUS

O Vos unanimes Christiadum chori
Dilecti exuvias, et cineris Patris
Dulces Reliquias, pignora cœlitum
Lætis dicite cantibus.

Cœlo quando piis parta laboribus
Felices animæ gaudia possident,
Virtutum sociis debita redditur
Hic laus, et decus Ossibus.

Passim sparsa, Deus polliciti memor
Custos ne pereant, pignora colligit,
Electosque suis providus aggerit
Aptandos lapides locis.

Quin et Reliquias, et tumulos sibi
Aras ipse Deus consecrat hostia,
Conjungensque suis se caput artubus
Hic sese Deus immolat.

Tu cujus cineres supplicibus pia
Tutum præsidium, plebs colit osculis,
Si te nostra movent, subsidium tuis
Clemens adde clientibus.

Te summa o Deitas, unaque poscimus,
Ut culpas abigas, noxia subtrahas,
Des pacem famulis, ut tibi gloriam
Annorum in seriem canant. Amen.

℣. Custodit Dominus omnia ossa eorum.
℟. Unum ex his non conteretur.
Antiph. Sacerdos... *de Communi.*

ORATIO

Deus, cujus notu per diversa terrarum loca ipse quoque Sanctorum Corpora disponuntur, concede propitius ; ut qui Beati Raymundi Episcopi, et Confessoris Translationem colimus, ipsi quoque a pravitate nostra, ad piam vivendi rationem transferamur. Per Dominun nostrum Jesum Christum...

AD MATUTINUM

Invitatorium. Dominum qui Sanctorum ossa custodit : * Venite adoremus. *Psalm.* Venite exultemus Domino :.. *Hymnus.* O Vos unanimes... *ut supra ad Vesperas.*

IN PRIMO NOCTURNO

De Libro Ecclesiastici.

Lectio I. *Cap. 5.*

Ecce Sacerdos magnus, qui in vita sua suffulsit domum, et in diebus suis corroboravit templum. Templi etiam altitudo ab ipso fundata est : duplex ædificatio, et excelsi parietes templi. In diebus ipsius emanaverunt putei aquarum, et quasi mare adimpleti sunt supra mondum. Qui curavit gentem suam et liberavit eam a perditione. Qui prævaluit amplificare civitatem, qui adeptus est gloriam in conservatione gentis suæ, et ingressum domus, et atrii amplificavit.

℟. Euge, serve bone et fidelis, quia in pauca fuisti fidelis, supra multa te constituam : * Intra in gaudium Domini tui.

℣. Domine, quinque talenta tradidisti mihi, ecce alia quinque superlucratus sum. Intra in gaudium.

Lectio II

Quasi stella matutina in medio nebulæ, et quasi luna plena in diebus suis lucet. Et quasi sol refulgens, sic ille effusit in templo Dei. Quasi arcus refulgens inter nebulas gloriæ, et quasi flos rosarum in diebus vernis et quasi lilia, quæ sunt in transitu aquæ, et quasi thus redolens in diebus ætatis. Quasi ignis effulgens, et thus ardens in igne. Quasi vas auri solidum ornatum omni lapide pretioso. Quasi oliva pollulans et cypressus in altitudinem se extollens, in accipiendo ipsum stolam gloriæ, et vestiri eum in consummationem virtutis. In ascensu Altaris sancti gloriam dedit sanctitatis amictum. In accipiendo autem partes de manu Sacerdotum, et ipse stans juxta aram. Et circa illum corona fratrum quasi plantatio cedri in monte Libano. Sic circa illum steterunt quasi rami palmæ, et omnes filii Aaron in gloria sua.

℟. Ecce Sacerdos magnus, qui in diebus suis placuit Deo . * Ideo jurejurando fecit illum Dominus crescere in plebem suam.

℣. Benedictionem omnium gentium dedit illi, et testamentum suum confirmavit super caput ejus. Ideo jurejurando...

Lectio III

Oblatio autem Domini in manibus ipsorum coram omni Synagoga Israel, et consummatione fungens in ara, amplificare oblationem excelsi regis. Porrexit manum suam in libatione, et libavit de sanguine uvæ. Effudit in fundamento altaris odorem divinum excelso Principi. Tunc exclamaverunt filii Aaron, in tubis productibus sonuerunt, et auditam fecerunt vocem magnam in memoriam coram Deo. Tunc omnis populus simul properaverunt, et ceciderunt in faciem super terram, adorare Dominum Deum suum, et dare preces omnipotenti Deo excelso. Et amplificaverunt psallentes in vocibus et in magna domo auctus est sonus suavitatis plenus. Et rogavit populus Dominum excelsum in prece usque dum perfectus est honor Domini.

℟. Juravit Dominus, et non pœnitebit eum : * Tu es Sacerdos in æternum secundum ordinem Melchisedech.

℣. Dixit Dominus Domino meo : Sede a dextris meis. Tu es Sacerdos... Gloria Patri... Tu es Sacerdos.

IN SECUNDO NOCTURNO

Lectio IV

Perenni sanctitatis memoria, summæque pietatis affectu erga Sanctum Raymundum Episcopum suum Barbastrensis Ecclesia excitata. Reliquias ejus ardentissimis votis diu desideravit. Quæ tandem Anno Millesimo quingentesimo octogesimo nono, et Sanctæ Sedis Legatus, et ipse Hispaniarum Rex Philippus Secundus, Episcopo, et Clero enixius instantibus, exceperunt; qui Rotensi Capitulo, in cujus sacra Æde Corpus Sancti Raymundi venerabatur, litteris commisere, ut optata munera concederent, ne Barbastrensis Ecclesia Sancti Pastoris sui Reliquiarum diu fraudaretur honore, cujus ministerio, et virtute illustrari meruerat.

℟. Inveni David servum meum, oleo sancto meo unxi eum : * Manus enim mea auxiliabitur ei.

℣. Nihil proficiet inimicus in eo, et filius iniquitatis non nocebit ei. Manus...

Lectio V

Devictis igitur per novas Regis, et Apostolici Legati litteras, quæ concessioni opponebantur obstaculis, rebusque Regni compositis. Anno Millesimo quingentesimo nonagesimo quinto Nonis Aprilis, Vicarius Generalis Illerdensis Legati Romani Pontificis auctoritate, aliquibus coram tum suæ, tum Barbastrensis Ecclesiæ Canonicis, aliisque spectatissimis Viris, e Corpore Sancti Raymundi Ulnam, partemque Calvariæ ab Sepulchro illius rite extulit. Sacra Lypsana pientisimo obsequio excepta, ac magnifico apparatu Barbastrum usque tridui itinere ipsi Presbyteri detulere. Eaque perinde ac in triumphum circumferentur, confertissimum supplicantium agmen, et ipse Celtiberiæ Præfectus suis stipatus militibus, et Ecclesiæ utriusque Clerus et Parochi quamplures Sacris amicti, solemni pompa, Psalmosque concinentes, comitabantur.

℟. Posui adjutorium super potentem, et exaltavi electum de plebe mea : * Manus enim mea auxiliabitur ei.

℣. Inveni David servum meum, oleo sancto meo unxi eum. Manus...

Lectio VI

Barbastri finitima ut Sacrum Pignus advenit, salutaris imber jamdiu aridam terram irrigavit : hinc in suburbano Templo Sancto Raymundo sacro depositum fuit. Post biduo tandem Capitulum, ac universus Clerus, Magistratus, Sacra Sodalitia, omnisque plebs festiva Supplicationne instructa una cum Episcopo, et Armenorum Præsule, qui ibi tunc ederat, et Apostolico Commissario, ex Cathedrali Æde Sacris Reliquis obviam trans pontem Sancti Francisci usque processere. Tunc ipse Barbastri Antistes Armenorum Præsul, digrioresque de Clero Sacra ferentes Ossa usque ad Urbis portam detulerunt. Eo autem loci Canonicorum humeris sublata, inter frequentissimum exultantis populi concursum in Cathedrale Templum deducta sunt, ibique reposita. Tunc statim Barbastri Episcopus solemne habuit Sacrum, ac diebus octo Lypsana veneranda festivo cultu celebrata. Ex eo tempore Sanctum Raymundum tum Civitas, tum Diœcesis universa uti Patronum sibi elegit, et excoluit. Quo vero tam insignis Translationis, et perennis esset, memoria, et dies Sancto Raymundo devotus. Gregorius Decimus Sextus Pontifex Maximus ex Sacrorum Ritum Congregationis consulto, Episcopi votis indulsit, ut peculiari Officio, et Missa augeretur.

℟ Iste est, qui ante Deum magnas virtutes operatus est, et omnis terra doctrina ejus repleta est :* Ipse intercedat pro peccatis omnium populorum.

℣. Iste est, qui contempsit vitam mundi, et pervenit ad cœlestia regna. Ipse Gloria Patri. Ipse.

IN TERTIO NOCTURNO.

Lectio Sancti Evangelii secundum Mathæum.

Lectio VII *Cap.* 25.

In illo tempore : Dixit Jesus Discipulis suis parabolam hanc : Homo peregre proficiscens vocavit servos suos, et tradidit illis bona sua. Et reliqua.

Homilia Sti. Gregorii Papæ. *Hom.* 9. *in Ev.*

Dominus qui talenta contulit, rationem positurus redit, quia is, qui nunc spiritualia dona tribuit, districte in juditio dona exquirit. Quod quisque accepit, considerat, et quod lucrum de talentis reportet, pensat. Servus, qui geminata talenta retulit, a domino laudatur, atque ad æternam remunerationem intromittitur, quum et voce Dominica dicitur : Euge, serve bone et fidelis, quia super pauca fuisti fidelis, super multa te constituam, intra in gaudium Domini tui. Pauca quippe sunt bona omnia præsentis vitæ. quamlibet multa esse videantur, comparatione retributionis æternæ. Sed tunc fidelis servus super multa constituitur, quando devicta corruptionis molestia, de æternis gaudiis in illa Cœlesti sede gloriatur.

℟. Amavit eum Dominus, et ornavit eum; stolam gloriæ induit eum : * Et ad portas paradisi coronavit eum.

℣. Induit eum Dominus loricam fidei, et ornavit eum. Et ad portas. ..

Lectio VIII.

Tunc ad Domini sui gaudium perfecte intromittitur, quando in æterna illa patria assumptus est, atque Angelorum cœtibus admixtus, sic interius doleat de corruptione. Habens ergo intellectum, curet omnino ne taceat. Habens rerum affluentiam, vigilet ne a misericordiæ largitate torpescat. Habens artem qua regitur , magnopere studeat, ut usum illius, atque utilitatem cum proximo partiatur. Habens loquendi locum apud divitem, damnationem pro retento talento timeat, si quum valet, non apud eum pro pauperibus intercedit.

℟. Sint lumbi vesti præcincti, et lucernæ ardentes in manibus vestris : * Et vos similes hominibus expectantibus Dominum suum : quando revertatur a nuptiis.

℣. Vigilate ergo, qui nescitis qua hora Dominus vester venturus sit. Et vos similes hominibus... Glor. Pat. Et vos similes hominibus..

Lectio IX.

Consideremus ergo quæ accepimus, atque in eorum erogatione vigilemus. Nulla nos a spiritali opere cura impediat, ne si in terra talentum absconditur, talenti Dominus ad iracundiam provocetur. Piger etenim servus, quum jam culpas judex examinat, talentum de terra levat, quia sunt plerique, qui tunc se a terrenis desideriis, vel operibus subtrahunt, quando jam per animadversionem judicis ad æternum supplicium trahuntur : ante ergo de talenti nostri ponenda ratione vigilemus, ut quum jam judex ad feriendum imminet, lucrum nos quod fecimus, excuset.

Te Deum laudamus..

AD LAUDES.

Antiph. Ecce Sacerdos... *de Communi.*

Psalm. Dominus regnavit... *ut in Laudibus Dominicæ.*

Capitulum : Quod si spiritus.. *ut supra in primis Vesperis.*

HYMNUS

Divina virtus cœlitum,
Asservat Ossa, et protegit,
Implet superno numine,
Post sæcla cœlos invehit.

Hinc Ossa in ara providi
Quæ nunc Patroni suspicis
Ægris medentur, læniunt.
Curas, repellunt Dæmones.

O Pastor alme, o gloria
Nostrum, benignus subleva,
Tutare plebem, supplicum
Et vota clemens audias.

Deo Patri sit gloria,
Ejusque soli Filio,
Cum spiritu Paraclito,
Nunc, et per omne sæculum. Amen.

℣. Justum deduxit Dominus per vias rectas.

℟. Et ostendit illi Regnum Dei.

Ad Benedictus

Antiph. Exhibeamus corpora nostra hostiam viventem, sanctam, Deo placentem: semper mortificationem Jesu in corpore nostro circumferentes, ut et vita Jesu manifestetur in corporibus nostris. 2 *Corint.* 4 *Io.*

Oratio: Deus, cujus nutu... *ut supra in Vesperis adnotatur.*

Ad Horas, *Antiph.* *et* ℟. *brev. ut in Comm. excep. Capit. Tertiæ, cujus loco dicitur:* Quod si spiritus... *ut id Vesperis, et Oratione propria.*

IN SECUNDIS VESPERIS

Omnia ut in primis, verum loco ultimi Psalmi.

Psalm. Memento Domine David.

℣. Custodit Dominus omnia ossa eorum.

℟. Unum ex his non conferetur.

Ad Magnificat

Antiph. Amavit eum Dominus, et ornavit eum: stolam gloriæ induit eum, et ad portas paradisi coronavit eum.

DECRETUM BARBASTREN

Sanctum Raymund., quem Barbastrensis Ecclesiæ Fideles, Pastorem, et omnium virtutum Exemplar habuisse gloriantur, nunc Præcipuum ad Deum Patronum venerantur, ac validissimo ipsius patrocinio adjuvari congaudent. Hinc omnium pietas eo usque pervenit, ut peculiari memoria etiam in Sacra Liturgia recolere exoptent auspicatissimam cœlestis Patroni Reliquiarum Translationem, ac proinde Rmus, Barbastrensis Episcopus iteratis humillimis precibus enixe rogavit, ut pro sibi commisso Clero Sæculari, et Regulari Diœcesano Kalendario utente, exhibitum Officium, cum Missa Translationis Reliquiarum Sancti Raymundi Episcopi, Confessoris, adprobare dignaretur. Et Sacra eadem Congregatio ad Vaticanum subsignata die coadunata in Ordinariis Comitiis, audita relatione ab Emmo et Rmo Domino Cardinale Constantino Patrizi Urbis Vicario, Ponente, attentisque rationum momentis ab eodem Barbastrensi Episcopo propositis, rescribendum censuit « *Pro gratia, et ad Emum Ponentem cum promotore Fidei.* »

Per eumdem ergo Emum et Rmum Dominum Cardinalem Relatorem, una cum Rmo Domino Petro Advocato Minetti Assessore, et R. P. D. Andreæ Mariæ Frattini Sanctæ Fidei Promotoris vicesgerente, instituta diligenti revisione Officii, et Missæ Translationis Reliquiarum Sancti Raymundi Episcopi, Confessoris, iisque correctis, et emendatis, uti superiori in Exemplari adnotantur, singula Sacra Congregatio adprovabit, atque a memorato Barbastrensi Clero officio, et Missa de Communi deinceps ritu *Duplicis majoris* persolvent legi ac recitari posse concessit.

Die 14 Junii 1845

F. L. Card. Micara Episc. Ost. et Velit.
S. R. C. Præfectus

Loco † Sigilli

J. G. Fatati S. R. C. Secretarius.

OFFICE DE S^T RAYMOND

ACCORDÉ PAR LE SAINT-SIÈGE

Au Diocèse de Barbastre en 1842

IN FESTO SANCTI RAYMUNDI

EPISCOPI CONFESSORIS, PATRONI
PRÆCIPUI CIVITATIS, AC DIŒCESIS BARBASTREN

Duplex Primæ classis cum Octava.

DIE XXI JUNII

Omnia de Communi Confessorum Pontificum præter ea, quæ propria adnotantur.

IN PRIMIS VESPERIS.

Antiph. Quasi sol refulgens, *cum reliquis ut infra in Laudibus.*

Psalm. Dixit Dominus, *cum reliquis de Dominica, et loco ult.*

Psalm. Laudate Dominum omnes gentes...,

Capitulum. *Eccl.* 44.

Ecce Sacerdos magnus, qui in diebus suis placuit Deo, et inventus est justus, et in tempore iracundiæ factus es reconciliatio.

Hymnus.

Confessor Domini, nobile Præsulum
Exemplar, celebris splendor Iberiæ
Laudetur : resonent dulcia carmina :
Ipsum plausibus efferrant.
Hic Mundi fugiens illecebras, opes
Cum sacris tacitus viveret ædibus,
Ornatur rutila Antistitis infula
Barbastri ut populum regat.
Exinde à proprio divitur grege :
In longum exilium pellitur innocens,
Et plebs, dum repetens claustra procul migrat
Amisso quæritur Patre.
Ast omni egregius noscitur integer
Pastor labe : Deus punii et invidos :
Atque illi statuens reddere præmium
Cœlestem ad Patriam vocat.
Nunc vota excipiens fervida supplicum
Intercessor adest rebus in asperis :
Et clemens valido præsidio tegit
Hanc urbem sibi creditam.
Claudis ad tumulum consolidat pedes :
Visum restituit luce carentibus :
Auditum reparat, sanat ab omnibus
Morbis languida corpora.
Te simplex Deitas trinaque poscimus

Pastoris meritis parce precantibus :
Da nobis famulis scandere sidera
Vera et gaudia consequi. Amen

℣. Ora pro nobis, Beate Raymunde.
℟. Ut digni efficiamur promissionibus Christi.

Ad Magnificat

Antiph. Raymundus Spiritus Sancti amore succensus panem suum esurientibus distribuit, et vestimentis suis nudos operuit.

ORATIO.

Deus in Sanctis tuis semper mirabilis, majestatem tuam humiliter deprecamur, ut qui Beati Raymundi Confessoris tui, atque Pontificis solemnia colimus, ejus intercedentibus meritis, ad optata Paradisi gaudia pervenire mereamur. Per Dominum nostrum Jesum Christum Filium tuum. Qui tecum vivit et regnat...

AD MATUTINUM.

Invit. Regem Confessorum Dominum...

Hymnus.

Diem reducit Lucifer
Sancto dicatum Præsuli,
Cum plebe Clerus gaudeat,
Lætos et hymnos concinat.

Sacra decorus infula
  Refulsit hic virtutibus :
  Ovesque pavit creditas
  Plenus superno lumine.
Gregem coactus linquere
  Commendat almo Numini,
  Omnisque culpæ nescius
  Artus flagellis conterit.
Sed ejus innocentia
  Patet, rejectis æmulis,
  Et sempiterna præmia
  Cœlo receptus obtinet.
Antistes o piissime
  Tuos clientes protege :
  Deum precare, ut arceat
  Damna, et remittat crimina.
Patri superno et unico,
  Qui nos redemit, Filio,
  Cum Spiritu Paraclito
  Sit laus per omne sæculum. Amen.

IN PRIMO NOCTURNO.

De Libro Ecclesiastici.

Lectio I. *Cap. 50.*

Ecce Sacerdos magnus, qui in vita sua suffulsit domum, et in diebus suis corroboravit templum. Templi etiam altitudo ab ipso fundata, est duplex ædificatio, et excelsit parietes templi. In diebus ipsius emanaverunt putei aquarum, et quasi mare adimpleti sunt supra modum. Qui curavit gentem suam et liberavit eam a perditione. Qui prævaluit amplificare civitatem, qui adeptus est gloriam in conversatione gentis suæ, et ingressum domus, et atrii amplificavit.

℟. Quum adhuc junior essem antequam oberrarem : * Quæsivi sapientiam palam in oratione mea.

℣. Emitte, Domine, sapientiam de sede magnitudinis tuæ, ut mecum sit, et mecum laboret. Quæsivi...

Lectio II.

Quasi stella matutina in medio nebulæ, et quasi luna plena in diebus suis lucet. Et quasi sol refulgens, sic ille effulsit in templo Dei. Quasi arcus refulgens inter nebulas gloriæ, et quasi flos rosarum in diebus vernis, et quasi lilia, quæ sunt in transitu aquæ, et quasi thus redolens in diebus æstatis. Quasi ignis effulgens, et thus ardens in igne. Quasi vas auri solidum ornatum omni lapide pretioso. Quasi oliva pullulans et cypressus in altitudinem se extollens, in accipiendo ipsum stolam gloriæ, et vestiri eum in consummationem virtutis. In ascensu Altaris sancti gloriam dedit sanctitatis amictum. In accipiendo autem partes de manu Sacerdotum, et ipse stans juxta aram. Et circa illum corona fratrum quasi plantatio cedri in monte Libano. Sic cira cillum sterunt quasi rami palmæ, et omnes filli Aaron in gloria sua.

℟. Elegit eum Dominus pascere Jacob servum suum, et Israel hæreditatem suam : * Et pavit eos in innocentia cordis sui.

℣. Ad omnia, quæ mittant te, dicit Dominus, ibis, ne timeas, et quæ mandavero tibi loqueris ad eos. Et pavit...

Lectio III

Oblatio autem Domini in manibus ipsorum coram omni synagoga Israel, et consummatione fungens in ara, amplificare oblationem excelsi regis. Porrexit manum suam in libationem, et libavit de sanguine uvæ. Effudit in fundamento altaris odorem divinum excelso Principi. Tunc exclamaverunt filii Aaron, in tubis productilibus sonuerunt, et auditam fecerunt, vocem magnam in memoriam coram Deo. Tunc omnis populus simul properaverunt, et ceciderunt in faciem super terram : adorare Dominum

Deum suum, et dare preces omnipotenti Deo excelso. Et amplificaverunt psallentes in vocibus et in magna domu auctus est sonus suavitatis plenus. Et rogavit populus Dominum excelsum in prece usque dum perfectus est honor Domini.

℟. Directus est divinitus in pœnitentiam gentis, et tulit abominationes impietatis, et gubernavit ad Dominum cor ipsius : * Et in diebus peccatorum corroboravit pietatem.

℣. Tabescere me fecit zelus meus, quia obliti sunt verba tua inimici mei. Et in diebus... Gloria Patri... Et in diebus.

IN SECUNDO NOCTURNO

Lectio IV

Raymundus ad Tolosam in finibus Conseranorum natus, Heliam e Franciæ Regum prosapia habuit Patrem, cujus cura liberalibus primum disciplinis instructus, militaribus mox castris adscriptus est : sed posthabita sæculari militia, Divinæ nomen dedit in Ecclesia Sancti Antonini Appamiarum ubi regularis Canonicorum vigebat disciplina. Sic mundi pompis exutus, Christi paupertatem induit, et religiosum secutus institutum, tanta virtutum omnium laude floruit, ut

Sancti Saturnini Tolosatensis Canonici Regulares eum in Abbatem expetierint suo e vivis sublato. Vocantem huc Deum secutus est et accepta pastorali sollicitudine humilitatem, ad mansuetudinem sic coluit, ut suis potius servierit quam imperarit : inde virtutum ejus odor ultra Pyrenæos montes diffusus, Barbastrum usque, Aragonum urbem pervenit : quo factum est ut Cleri, Populique suffragiis in hujus Civitatis Præsulem electus fuerit.

℟. Vidit sanctificationem desertam, et Altare profanatum, et portas exustas, et in atriis virgulta nata sicut in saltu : * Et ædificavit Sancta, et sanctificavit.

℣. Domine dilexi decorem Domus tuæ, et locum habitationis gloriæ tuæ. Et ædificavit...

Lectio V

Cleri suffragia, et populi vota ad Petrum Aragoniæ Regem perlata sunt, quibus libenter subscripsit, et mox ad Raymundum legatum misit, qui ipsum non dicta causa accesseret. Paruit quidem, verum Petro, ad quem pergebat, jam mortuo. Alphonsum ejus Succesorem adiit, a quo benigne exceptus, consecrationis beneficium, et Pastoralis officii munus subire coactus est. Suscepta itaque animarum cura vivendi licentiam, quæ summa tunc erat et perditos Christianorum mores insequi non destitit. Templa Maurorum strage diruta instauravit, et Canonum leges abrogatas restituit. Sed quum Regem ob bellum in Christianos susceptum liberius reprehenderet, apud Ruthenses, malis cujusdam Episcopi artibus, qui Episcopatum Barbastrensem invadere tentabat, exulare jussus est. Ibi a Canonicis Regularibus Ecclesiæ Ruthensis exceptus oblatum eorum regimen non abnuit; sed eo immunere constitutus, Deo sic se mancipavit, ut orationibus, jejuniis, ac aliis piis operibus semper intentus, cœlestis vitæ genus in terris duxerit.

℟. Ecce Dominus coronans coronavit me tribulatione ; quasi pilam messit in me terram latam, et spetiosam : * Et expulit me de statione mea.

℣. Et si corpore absens sum, sed spiritu præsens sum. Et expulit...

Lectio VI

Sed Pascalis secundus Pontifex hanc injuriam insonti Pæsuli illatam ferre sustinens, Oscæ Episcopum criminis conscium, et auctorem, anathemate percussit ; qui licet resipiscens, Divina hoc agente justitia, a sicaris invasus misere peremptus est. Quod ut Rex animadvertit, Raymundum sitius ab exilio revocavit, in suam recepit gratiam, et in infideles cum exercitu procedens eum sibi comitem adjunxit. Nec frustra ; si quidem ejus precibus hostes fugati, delectique sunt. Rex vero quum ei acceptam referret victoriam, stipendiumque non vile tanto pararet militi, æternum in Cœlis donavit Christus. Mortuo igitur non solum allacrymatus est Alphonsus ; sed etiam publicam ab Episcopis exoravit, et suscepit pœnitentiam, ut crimen, quod in Sanctum perpetrarat, expiaret. Quinimo ejus tumulum multis ornavit denariis, quem Deus variis decorabat miraculis. Ut autem in universa qua late patet Barbastrensi Diœcesi Sancti Raymundi Præcipui Patroni solemnis quotanis memoria instituatur, Gregorius XVI. Pontifex Maximus Officium, Missamque propriam in ipsius honorem pro Clero Barbastrensi ex Sacrorum rituum Congregationis consulto benigne ad probavit anno a reparata salute Millesimo octingentesimo quadragesimo secundo.

℟. In medio tribulationis vivificabis me, et super iram inimicorum meorum extendisti manum tuam : * Et salvum me fecit dextera tua.

℣. Ego autem cum mihi molesti essent induebar cilicio; humiliabam in jejunio animam meam, et oratio mea in sinu meo convertetur. Et salvum... Gloria Patri... Et salvum...

IN TERTIO NOCTURNO

Lectio Sancti Evangelii secundum Mattheum

Lectio VII *Cap.* 25.

In illo tempore : Dixit Jesus Discipulis suis parabolam hanc : Homo peregre proficiscens vocavit servos suos, et tradidit illis bona sua. Et reliqua.

Homilia Scti Gregorii Papæ. *Hom.* 9 *in Ev.*

Dominus, qui talenta contulit, rationem positurus redit, quia is qui nunc spiritualia dona tribuit, districte in judicio dona exquirit. Quod quisque accepit considerat et quod lucrum de talentis reportet pensat. Servus, qui geminata talenta retulit, a Domino laudatur, alque ad æternam remunerationem intromittitur, quum et voce Dominica dicitur : Euge, serve bone et fidelis, quia super pauca fuisti fidelis super multa te constituam, intra in gaudium Domini tui. Pauca quippe sunt bona omnia præsentis vitæ, quamlibet multa esse videantur, comparatione retributionis æternæ. Sed tunc fidelis servus super multa constituitur, quando devicta corruptionis molestia, de æternis gaudiis in illa cœlesti sede gloriatur.

℟. De omni corde suo laudavit Dominum et dilexit Deum, qui fecit illum, et dedit illi contra inimicos potentiam, ut cognoscant gentes : * Quia contra Dominum pugnare non est facile.

℣. Ipsi videntes sic admirati sunt, conturbati sunt, commoti sunt : tremor apprehendit eos. Quia contra...

Lectio VIII

Tunc ad Domini sui gaudium perfecte intromittitur, quando in æterna illa patria assumptus est, atque Angelorum cœtibus admixtus, sic interius gaudet de munere, ut non sit jam quod exterius doleat de corruptione. Habens ergo intellectum, curet omnino ne taceat. Habens rerum affluentiam vigilet ne a misericordiæ largitate torpescat. Habens artem, qua regitur, magnopere studeat, ut usum illius, atque utilitatem eum proximo partiatur. Habens loquendi locum apud divitem, damnationem pro retento talento timeat, si quum valet, non apud eum pro pauperibus intercedit.

℟. Appropinquaverunt dies ejus moriendi, et benedixit Filiis suis : * Et appositus est ad Patres suos.

℣. Pretiosa in conspectu Domini mors Sanctorum ejus. Et appositus... Gloria Patri... Et appositus...

Lectio IX

Consideremus ergo quæ accepimus, atque in eorum erogatione vigilemus. Nulla nos a spiritalii opere cura impediat ne si in terra talentum absconditur, talenti Dominus ad iracundiam provocetur. Piger etenim servus, quum jam culpas judex examinat, talentum de terra levat, quia sunt plerique, qui tunc se a terrenis desideriis, vel operibus subtrahunt, quande jam per animadversionem judicis ad æternum supplicium trahuntur ; ante ergo de talenti nostri ponenda ratione vigilemus, ut quum jam judex ad feriendum imminet, lucrum nos quod fecimus, excuset,

Te Deum laudamus.

AD LAUDES,

et per Horas.

Ant. Quasi Sol refulgens, sic ille effulsit in templo Dei, *Psalmi, ut in Laudibus Dominicæ.*

Ant. Magnæ religionis vir, quum virtutum laude floresceret, in toto corde confitebatur Deum.

Ant. Carnem suam cilicio cruentabat, et bona sua pauperibus alacriter dispergebat.

Ant. Excelsus Dominus respiciens humiles, servum suum cum principibus gloriæ suæ collocavit.

Ant. Laudent omnes gentes. Agnum mansuetudine, voce Magistrum, Pastorem vigilantia, Patrem amore.

Capitulum *Ecc.* 44.

Ecce Sacerdos magnus, qui in diebus suis placuit Deo, et inventus est justus, et in tempore iracundiæ factus est reconciliatio.

HYMNUS

Pastor excellens Raymundus orbe.
Hac die claudens oculos beata
Morte, cœlorum meritis refertus
Regna petivit.

Hic piis verbis, gravibusque ovile
Pascit exemplis : vitia, et selectos

Increpat mores : Fideique sanctæ
Dogmata pandit.
Diruta à Mauris reparat, sacroque
Cultui reddit temerata templa :
Ipsiusque hostes precibus cruenta
Cæde fugantur.
Almæ Confessor, venerande Præsul,
Præsulum clarum decus, atque lumen
Pro tuis ora famulis supernum
Numen Olympi
A tuo clemens grege Pastor arce
Nunc lupos diros, stygiumque monstrum.
Tutus ut dulci super astra tecum
Pace fruatur.
Laus honor Patri, Genitoque summo,
Flamini et Sancto : residens qui in alto
Unus et trinus Deus axe regnat
Omne per ævum. Amen.

℣. Ora pro nobis, Beate Raymunde :

℟. Ut digni efficiamur promissionibus Christi.

Ad Benedictus

Antiph. Beatus Raymundus pro defendenda Ecclesia magnos labores patienter sustinuit, et de omnibus his eripuit eum Dominus.

ORATIO

Deus in sanctis tuis semper mirabilis, majestatem tuam humiliter deprecamur, ut qui Beati Raymundi Confessoris tui, atque Pontificis solemnia colimus, ejus intercedentibus meritis, ad optata Paradisi gaudia pervenire mereamur. Per Dominum nostrum Jesum Christum Filium tuum...

IN SECUNDIS VESPERIS

Omnia ut in primis, verum loco ultimi Psalmi.

Psalm. : Memento Domine David, et omnis mansuetudinis ejus...

Ad Magnificat

Antiph. Beatus Raymundus ab omni crimine mundus, ac Patronus admirabilis, esto in Cœlis noster Advocatus et Parens.

Si aliqua die fieri occurrat de infra Octavam Officium ut in die ritu semiduplici : Lectiones vero II. et III. Nocturni ex Octavario.

DIE XXVIII JUNII

Octava Sancti Raymundi Episcopi Conf. Duplex. *Officium ut in die, præter Lectiones.*

In primo Nocturno, Lect. de Scriptura ocurrente.

IN SECUNDO NOCTURNO

Sermo Sancti Gregorii Papæ.

Lectio IV. Par. 2 Pastoral Cap 1.

Tantum debet actionem populi actio transcendere Præsulis, quantum distare solet a grege vita pastoris. Oportet namque, ut meriti se sollicite studeat, quanta tenendæ rectitudinis necessitate constringitur, sub cujus æstimatione populus grex vocatur. Sit ergo necesse est cogitatione mundus, actione præcipuus, discretus in silentio, utilis in verbo, singulis in compassione proximus, præ cunctis contemplatione suspensus, bene agentibus per humilitatem socius, contra delinquentium vitia per zelum justitiæ erectus, internorum curam in exteriorum occupatione non minuens, exteriorum providentiam in internorum sollicitudine non relinquens.

℟. Vidit sanctificationem desertam.....

℣. Domine dilexi decorem Domus...

Lectio V. *Part.* 2 *Pastor. C.* 9 *et* 10.

Considerandum quoque est, quia quum curam populi electus Præsul suscipit, quasi ad ægrum medicus accedit. Si ergo adhuc in ejus corpore passiones vivunt, qua præsumptione percussum mederi properat qui in facie vulnus portat ? Ille modis omnibus debet ad exemplum bene vivendi pertrahi, qui cunctis carnis passionibus moriens, jam spiritaliter vivit, qui prospera mundi postponit, qui nulla adversa pertimescit, qui sola interna desiderat : cujus intentioni bene congruens nec omnino per imbecillitatem corpus, nec valde per contumaciam repugnat spiritus : qui ad aliena cupienda non ducitur, sed propria largitur.

℟. Ecce Dominus coronans coronavit...

℣. Et si corpore absens sum, sed.....

Lectio VI. *Ibid. Cap. 8.*

Unde ipsum quoque Episcopatus officium boni operis expressione definitur, quum dicitur : Si quis Episcopatum desiderat, bonum opus desiderat. Ipse ergo sibi testis est, quia Episcopatum non appetit, qui non per hunc boni operis ministerium, sed honoris gloriam quærit. Sacrum quippe officium non solum non diligit omnino, sed nescit, qui ad culmen regiminis anhelans, in occulta meditatione cogitationis, ceterorum subjectione pascitur, laude propria lætatur, ad honorem cor elevat, rerum affluentium abundantia exultat. Mundi ergo lucrum quæritur sub ejus honoris specie, quo mundi destrui lucra debuerant.

℟. In medio tribulationis vivificabis...

℣. Ego autem cum mihi molesti.....

IN TERTIO NOCTURNO

Lectio Scti Evangelii secundum Mathæum.

Lectio VII. *Cap. 25.*

In illo tempore : Dixit Jesus Discipulis suis parabolam hanc : Homo peregre proficiscens vocavit servos suos et tradidit illis bona sua. Et reliqua.

Homilia Sancti Ambrosii Episcopi.

Lib. 2 de voc. gen. Cap. 2.

Datur unicuique hic sine merito, unde tendat ad meritum; et datur anteullum laborem, unde quisque mercedem accipiat secundum suum laborem. Quod ita esse, Evangelicæ veritatis testimonio agnoscitur, ubi per comparationem dicitur, quod homo peregre proficiscens vocavit servos suos, et tradidit illis substantiam suam, et uni dedit quinque talenta, alii autem duo, alii vero unum, unicuique secundum propriam virtutem, id est, secundum propriam, et naturalem possibilitatem, non autem secundum proprium meritum : quia aliud est posse operari, aliud operari : et aliud est posse habere charitatem, aliud habere charitatem.

℟. De omni corde suo laudavit...

℣. Ipsi videntes sic admirati sunt...

Lectio VIII·

Non itaque omnis reparabilis reparatur, nec omnis sanabilis sanatus est : quia reparabilem, et sanabilem esse, de natura est; reparatum autem, et sanatum esse, de gratia est. Denique isti, quibus secundum modulum capacitatis suæ, quem in eis distributor substantiæ prævidebat, dispar creditus est numerus talentorum : non meriti remunerationem sed operis accepere materiam. In qua duorum servorum vigilantissima industria, non solum gloriosis laudibus honestatur sed etiam in æterna Domini sui gaudia intrare præcipitur. Tertii vero pigrum otium, et desidiosa nequitia sic punitur, ut et vituperationis decoretur opprobrio, et portione, quam acceperat, exuatur. Dignus enim erat perdere inutilem fidem qui non exercuerat charitatem.

℟. Appropinquaverunt dies ejus...

℣. Pretiosa in conspectu Domini...

Nona Lectio, et commemoratio Vigiliæ Sanctorum Apostolorum Petri et Pauli.

Prædicta Responsoria propria, a Sacra Rituum Congregatione adprobata fuerunt in Ordinario Cœtu ad Quirinale, die 6 septembris 1845, coadunato Decretum Barbastren. Datum Romæ ex S. R. C. die et anno supradictis.

DECRETUM

BARBASTREN.

Sanctum Raymundum Episcopum Confessorem, quem per vigilem Pastorem, ac virtutum omnium Exemplar, demirata est Barbastrensis Ecclesia dum ipse viveret; post mortem solemne habuit Præcipuum sibi diligere ad Deum Patronum, ut ipsius validissimo auxilio perfrui mereretur. Verum quod unum adhuc exoptandum supererat, nimirum, ut Ipsius natale Festum Officio proprio, cum Missa condecoraretur, id enixis precibus a sacra Rituum Congregatione expetit Reverendissimis hodiernus Barbastren. Antistes. Officium, cum Missa de Sancto ipso Raymundo exhibens pro opportuna adprobatione. Humillimus hisce precibus per cl. me. Eminentissimum et Rmum Dominum Cardinalem Della-

Porta Rodiani relatis in Ordinario Cætu ad Quirinale coadunato tertio Idus septembris 1841. rescriptum prodiit; « *Dilata.* » Sub infrascripta vero die per Eminentissimum, et Reverendissimum Dominum Cardinalem Constantinum Patrizi in Ponentem hujus Caussæ designatum, iterum proposita, instantia Reverendissimi Episcopi Barbastren, Eminentissimi, et Reverendissimi Patris Sacris tuendis Ritibus præpositi omnibus rationum momentis diligenti examine perpensis, inspectisque peculiaribus circumstantiis rescribendum censuerunt : « *Pro gratia, et ad Eminentissimum Ponentem cum Promotore Fidei ad mentem.* »

Ad mentem itaque Sacræ Congregationis per eumdem Eminentissimum, et Reverendissimum Dominum Cardinalem Patrizi, una cum R. P. D. Andrea Maria Frattini Sanctæ Fidei Promotore propositis Officio, et Missa Sancti Raymundi revisis, correctis, et emendatis uti superiori in exemplari adnotantur, singula Sacra Congregatio adprobavit, atque in Festo, et per Octavam Sancti Raymundi præcipui patroni a Clero Barbastrensi legi, ac recitari posse concessit.

Die 24 Septembris 1842.

C. M. Episcopus Portuen. Cardinalis Pedicinius S. R. E. Vice-Cancellarius. S. R. C. Præfectus.

Loco † Sigilli.

J. G. Fatati S. R. C. Secretarius.

OFFICE DE S^T RAYMOND

ACCORDÉ PAR LE SAINT-SIÈGE

IN FESTO SANCTI RAYMUNDI EPISC. CONF.

PATRONI PRÆCIPUI CIVITATIS, AC DIŒCESIS BARBASTRENSIS

Duplex I. Classis cum Octava.

DIE XXI JUNII

INTROITUS

Psal. 137.

In medio tribulationis vivificabis me, et super iram inimicorum meorum extendisti manum tuam, et salvum me fecit dextera tua.

Psal. 131. Memento Domine David, et omnis mansuetudinis ejus.

℣. Gloria Patri et Filio, etc.

ORATIO

Deus in Sanctis tuis semper mirabilis, majestatem tuam humiliter deprecamur, ut qui Beati Raymundi Confessoris tui, atque Pontificis solemnia colimus, ejus intercedentibus meritis, ad optata Paradisi gaudia pervenire mereamur. Per Dominum nostrum, etc.

Lectio libri Sapientiæ. *Eccl.* 44.

Ecce Sacerdos magnus, qui in diebus suis placuit Deo, et inventus est justus, et in tempore iracundiæ factus est reconciliatio. Non est inventus similis illi, qui conservavit legem Excelsi. Ideo jurejurando fecit illum Dominus crescere in plebem suam. Benedictionem omnium gentium dedit illi; et testamentum suum confirmavit super caput ejus. Agnovit eum in benedictionibus suis, conservavit illi misericordiam suam et invenit gratiam coram oculis Domini. Magnificat eum in conspectu regum, et dedit illi coronam gloriæ. Statuit illi testamentum æternum, et dedit illi Sacerdotium magnum, et beatificavit illum in gloria. Fungi Sacerdotio, et habere laudem in nomine ipsius, et offerre illi incensum dignum in odorem suavitatis.

GRADUALE Psal. 131. Sacerdotes ejus induam salutari, et sancti ejus exultatione exultabunt.

℣. Illuc producam cornu David, paravi lucernam Christo meo.

Alleluia, Alleluia.

℣. *Psal.* 109. Juravit Dominus, et non pœnitebit eum. Tu es Sacerdos in æternum secundum ordinem Melchisedech. Alleluia.

✠ Sequentia Sancti Evangelii secundum Matthæum. *Cap.* 25.

In illo tempore : Dixit Jesus Discipulis suis parabolam hanc : Homo peregre proficiscens vocavit servos suos, et tradidit illis bona sua. Et uni dedit quinque talenta, alii autem duo, alii vero unum, unicuique secundum propriam virtutem, et profectus est statim. Abiit autem qui quinque talenta acceperat, et operatus est in eis, et lucratus est alia quinque. Similiter et qui duo acceperat, lucratus est alia duo. Qui autem unum acceperat, abiens fodit in terram, et abscondit pecuniam domini sui. Post multum vero temporis venit dominus servorum illorum, et posuit rationem cum eis. Et accedens, qui quinque talenta acceperat, obtulit alia quinque talenta dicens : Domine, quinque talenta tradidisti mihi, ecce alia quinque superlucratus sum. Ait illi Dominus ejus : Euge, serve bone et fidelis, quia super pauca fuisti fidelis, super multa te constituam, intra in gaudium Domini tui. Accessit autem et qui duo talenta acceperat, et ait : Domine, duo talenta tradidisti mihi, ecce alia duo lucratus sum. Ait illi Dominus ejus : Euge, serve bone et fidelis, quia super pauca fusti fidelis, super multa te constituam, intra in gaudium Domini tui. Credo, *et dicitur per integram Octavam.*

OFFERTORIUM. Psal. 88. Veritas mea, et misericordia mea cum ipso, et in nomine meo exaltabitur cornu ejus.

SECRETA

Sancti Raymundi Confessoris tui, atque Pontificis, quæsumus Domine, annua solemnitas pietati tuæ nos reddat acceptos, ut per hæc piæ placationis officia, et illum beata retributio comitetur, et nobis gratiæ tuæ dona conciliet. Per dominum nostrum Jesum Christum...

COMMUNIO. Lucæ 12. Dico autem vobis amicis meis, ne terreamini ab his, qui vos persequuntur.

POSTCOMMUNIO

Deus fidelium remunerator animarum, præsta, ut Beati Raymundi Confessoris tui atque Pontificis, cujus venerandam celebramus festivitatem, precibus indulgentiam consequamur. Per Dominum nostrum, etc.

TABLE DES MATIÈRES

www.ingramcontent.com/pod-product-compliance
Ingram Content Group UK Ltd.
Pitfield, Milton Keynes, MK11 3LW, UK
UKHW012213240726
13966UKWH00002B/716

9 782013 069380